Bernard Raquin

VOUS POUVEZ SORTIR DE VOTRE CORPS !

MARABOUT

Sommaire

DEUXIÈME PARTIE

RÉPONSES SUR LE VOYAGE ASTRAL

TROISIÈME PARTIE

TECHNIQUES D'APPROFONDISSEMENT

QUATRIÈME PARTIE

TECHNIQUES DE MAÎTRISE

Avertissement

Pour tirer profit de ce livre, suivez les exercices proposés de façon séquentielle. Ils sont accessibles à ceux qui n'ont jamais pratiqué de méthode de relaxation ou de visualisation. Vous possédez déjà une solide expérience ? Sachez-le : vous gagnerez en efficacité si vous révisez vos connaissances. Chaque exercice approfondit celui qui le précède et prépare aux suivants. Inutile, donc, de brûler les étapes.

Plutôt que de lire l'ensemble d'une traite, vous pouvez choisir, par exemple, de consacrer deux semaines aux exercices de la première partie, puis de faire une pause de quelques jours, de reprendre ensuite ces mêmes exercices durant deux jours, puis de consacrer quelques semaines aux exercices de la seconde partie. Laissez à votre inconscient le temps d'assimiler vos nouvelles acquisitions.

Vous commencez une aventure personnelle, vous allez vivre un moment important de votre vie. Vous découvrirez sans doute en vous des richesses insoupçonnées. Avancez donc au rythme qui vous convient.

Lorsque vous aurez pratiqué tous les exercices, revenez à ceux qui vous attirent le plus, en fonction de vos goûts et de votre personnalité. Laissez-vous guider par ceux qui vous semblent les plus intéressants et les plus agréables. Vous ne devez pas souffrir, ni répéter des exercices fastidieux, mais au contraire progresser dans la joie. Le voyage astral est avant tout un plaisir qui relaxe le corps physique, détend les nerfs et apaise l'âme. Vous allez apprendre, dans un esprit ludique, à mieux intégrer des perceptions différentes, et surtout à mieux les mémoriser.

Dans tout apprentissage, les moments forts, les ouvertures, les prises de conscience compensent largement les inévitables moments de découragement et de doute. Restez à l'écoute de votre horloge interne, qui vous indiquera quand une pause se révèle nécessaire.

Vous pouvez vous entraîner à deux, entre amis. Choisissez quelqu'un en qui vous avez toute confiance, même s'il n'a aucune connaissance préalable dans ce domaine. Une personne intuitive, ouverte et peu nerveuse sera parfaite.

Il est indispensable d'alterner les rôles : guidez le temps d'une séance, faites-vous guider la fois suivante. Cette précaution a pour but d'éviter les phénomènes de dépendance, surtout si des émotions se manifestent. De plus, vous apprendrez autant en guidant qu'en expérimentant.

Vous pouvez favoriser les sorties de conscience et les sorties du corps en pratiquant la relaxation, le yoga, la méditation ou le rêve éveillé. Chaque technique, respiratoire ou apte à faciliter l'harmonisation des deux hémisphères du cerveau, est bienvenue. Tout au long de la journée, l'un de ces deux hémisphères domine. Le gauche est plutôt chargé du raisonnement, de la perception des détails, de l'analyse et du calcul, le droit des perceptions globales, de l'intuition, du symbolisme. Du bon fonctionnement de ces deux hémisphères dépend l'équilibre d'une personne.

Tout au long de ce livre, vous apprendrez à laisser davantage d'espace à l'hémisphère droit, qui facilite les états de conscience modifiée et le dédoublement.

PREMIÈRE PARTIE

LA SORTIE DU CORPS, UN ÉTAT NATUREL

Carl Gustav Jung[1], qui fut l'élève de Freud, a décrit l'aventure qui devait orienter ses recherches vers la spiritualité et l'amener à étudier la guérison, la voyance, les rêves, les états visionnaires, les mondes symboliques, l'alchimie, ainsi que tous les phénomènes psychiques. Le voyage astral[2] ne pouvait échapper à ses investigations, d'autant qu'il bénéficia lui-même de cette expérience.

Au début de 1944, Jung fut victime d'un infarctus qui le mena aux frontières de la mort. Pendant son inconscience, on lui administra de l'oxygène et du camphre. Ces substances provoquèrent des visions d'une violence telle qu'il eut la certitude d'être en train de mourir. Son infirmière devait plus tard lui avouer qu'elle l'avait trouvé entouré d'un halo lumineux, phénomène qu'elle avait déjà remarqué chez certains mourants.

---

1. Auteur, notamment, de *Métamorphoses de l'âme et de ses symboles* (Buchet Chastel, 1953), *Un mythe moderne* (Gallimard, 1960), *L'Homme à la découverte de son âme* (Payot, 1962), *Dialectique du moi et de l'inconscient* (Gallimard, 1967). On peut consulter aussi *Carl G. Jung* (L'Herne, sous la direction de Michel Cazenave).

2. Voyage astral, ou projection astrale : expression habituelle désignant une expérience au cours de laquelle la conscience sort du corps, correspondant au français « sortie du corps » et à l'anglais « *out of the body experience* » (« expérience hors du corps »).

Durant cette période de semi-inconscience, à mi-chemin entre l'extase et le rêve, des phénomènes et des événements étonnants se produisirent.

Le voyage insolite du savant

Jung rapporte qu'il se trouvait très haut dans l'espace cosmique. En dessous, très loin, il apercevait la sphère terrestre, dans une douce lumière bleutée. Il voyait également la mer d'un bleu sombre et les contours des divers continents.

« Tout en bas, écrit-il, sous mes pieds, était Ceylan, et devant moi s'étendait le sous-continent indien. Mon champ visuel n'embrassait pas la terre entière, mais sa forme sphérique était nettement perceptible, et ses contours brillaient comme de l'argent à travers la merveilleuse lumière bleue. A certains endroits, la sphère terrestre semblait colorée ou tachée de vert foncé comme de l'argent oxydé. A gauche, dans le lointain, une large étendue – le désert rouge/jaune de l'Arabie... Puis ce fut la mer Rouge et, bien loin derrière, je pus encore apercevoir un coin de la Méditerranée. Mon regard était tourné dans cette direction, tout le reste semblait imprécis. Évidemment, je voyais aussi les sommets enneigés de l'Himalaya, mais tout y était brumeux et nuageux. Je savais que j'étais en train de quitter la terre. »

Dans son expérience, planant dans l'espace, il se tourna vers le sud et aperçut une pierre sombre de la taille d'une maison, qui planait également. Dans ce qui ressemblait à un bloc de granit était creusé un temple tel qu'il en existe dans le golfe du Bengale. A l'entrée se trouvait un Indien vêtu de blanc, qui l'attendait. Des lampes à huile brûlaient dans des niches. Le lieu était paisible et très attirant.

Comme souvent lors de voyages astraux, le fait de voir un endroit suffit à vous y entraîner : le désir sert de propulsion. Jung se dirigea donc vers ce rocher. Il était étreint d'une impression étrange, comme si ce qu'il croyait, ce qu'il désirait, les illusions de son expérience terrestre, tout cela s'éloignait douloureusement de lui.

« Cependant, quelque chose en subsistait, car il me semblait avoir, près de moi, tout ce que j'avais vécu ou fait, tout ce qui s'était déroulé autour de moi. Je pourrais aussi bien dire : c'était près de moi et j'étais cela ; tout cela, en quelque sorte, me composait. J'étais fait de mon histoire et j'avais la certitude que c'était bien moi. "Je suis ce faisceau de ce qui a été accompli et de ce qui a été." »

Des sentiments contradictoires se mêlèrent : le dépouillement misérable et le bonheur extrême. La volonté et le désir devenaient sans objet. Il *était* sa vie.

A une sensation d'anéantissement succéda l'apaisement. Les regrets s'évanouirent. Il vivait désormais au présent, sans référence à ce qui s'était produit auparavant.

En s'approchant du temple, il sut qu'il allait y rencontrer un groupe d'humains, les « siens ». Parmi eux, il comprendrait pourquoi il était celui-là, ce qui l'avait précédé, la direction qu'allait prendre son existence, dans un espace atemporel, sans début ni fin.

En temps ordinaire, la pensée, capable de produire trente-deux images par seconde, est trop rapide pour être perçue. Nous n'en captons que les grandes lignes. En revanche, dans les moments intenses de conscience modifiée, nous sommes en prise directe avec nos pensées. En quelques instants, nous avons la possibilité de faire défiler quantité d'idées et de tout percevoir, de tout ressentir.

D'innombrables questions assaillaient Jung. Pourquoi avait-il vécu cela ? Y avait-il été préparé avant de naître ?

Soudain une autre image s'éleva, celle de son médecin dans la réalité. Il portait une sorte de couronne de laurier dorée.

« Tiens ! C'est le médecin qui m'a traité ! Mais maintenant il apparaît dans sa forme première comme le roi de Cos. Durant sa vie, il avait été un avatar[3] de ce roi, l'incarnation temporelle de la forme première, qui est depuis toujours. Il apparaît maintenant dans sa forme originelle.

« Sans doute étais-je, moi aussi, dans ma forme première, continue Jung. Je ne m'en étais pas aperçu et j'imagine seulement qu'il en avait été ainsi. Quand il fut arrivé devant moi, planant comme une image née des profondeurs, il se produisit entre nous une silencieuse transmission de pensées. Mon médecin avait en effet été délégué par la Terre pour m'apporter un message : on y protestait contre mon départ. Je n'avais pas le droit de quitter la Terre et devais y retourner. Au moment où j'aperçus ce message, la vision disparut. »

Constatons au passage que Jung vit plusieurs plans en même temps, tout en gardant sa capacité d'analyse et de commentaire.

Il était fort déçu de n'avoir pas le droit de pénétrer dans ce temple, ni d'y rencontrer les hommes, les « siens », qui allaient apporter les réponses aux questions existentielles qu'il se posait. Il ne lui restait plus qu'à se persuader que « ce monde à trois dimensions », cette pri-

---

3. Incarnation successive d'une âme, qui descend sur terre sous forme humaine ou animale.

son, présentait un intérêt quelconque. C'en était fini de cette apesanteur, de ce détachement[4]...

Par la suite, Carl Jung, bouleversé par cette vision féerique, se renseigna pour savoir de quelle altitude un paysage tel que celui qu'il avait contemplé peut être observé. La réponse le stupéfia : mille cinq cents kilomètres !

Le jour même où Jung fut autorisé à se lever, après sa convalescence, son médecin mourut. C'était comme s'il avait rendu une dernière visite à son patient, sous l'aspect d'une réincarnation d'un roi ayant vécu cinq siècles avant Jésus-Christ, à Cos – ville natale d'Hippocrate, où se trouvait le temple dédié à Esculape, dieu de la médecine et objet de ferveur populaire...

Pourtant, à la suite de cette expérience, Jung souffrit de grands moments de dépression. Le fait d'avoir été contraint de regagner son corps lui semblait très injuste. La réalité lui paraissait terne, et il ne pouvait guère partager son expérience. A l'époque, les connaissances astrales restaient réservées aux adeptes de l'ésotérisme. Il était encore plus difficile qu'aujourd'hui d'évoquer certains aspects de l'invisible.

Crainte de la censure, du jugement, des moqueries, incitent à se replier sur soi. Beaucoup préfèrent refouler ou nier l'expérience vécue. Le recours à une personne compétente ou amicale peut se révéler indispensable, pour mieux comprendre, établir le lien entre le monde spirituel et la vie quotidienne, et retrouver la réalité partagée par tous.

Il est normal que certaines images rapportées de l'astral produisent des sensations fortes. A vouloir rester

4. *Ma vie, souvenirs, rêves et pensées*, Gallimard, 1966.

isolé, on se considère différent des autres, attitude qui se révèle parfois déprimante. En revanche, en comparant sa propre expérience à celles rapportées dans des livres, évoquées lors de conférences ou confiées par des amis, on acquiert la certitude d'être partie prenante dans la fraternité humaine.

Comment se produit la sortie du corps ?

Il existe un corps physique, celui que l'on sent. C'est le siège des émotions, des organes, de la chair. Il naît, évolue et meurt. Marqué par nos chagrins et par nos joies, il est en premier lieu guidé par les instincts de base. Lorsque ceux-ci sont comblés, le cerveau prend le relais et souhaite des satisfactions psychologiques.

Comme tout ce qui est vivant, la chair est fragile, sujette aux maladies et aux blessures, même si l'espèce humaine est dotée d'une grande résistance. Le corps physique est soumis aux cycles, aux influences cosmiques et terrestres. Sa nature sensible le rend souvent accessible à autrui, autorisant échanges et projets. Coups, chatouilles, caresses, amour... Le corps est un moyen primaire, mais efficace, de communiquer avec les autres. Cependant il est lourd et souvent « englué » par un cerveau reptilien et des réactions archaïques ; il doit apprendre presque tout : marcher, parler, nager...

Le corps astral est né avant le corps physique. Émissaire de l'âme, vivant de toute éternité, il fonctionne comme s'il possédait les mêmes fonctions que le corps physique : vue, ouïe et, dans une moindre mesure, toucher. Il éprouve les émotions les plus simples – joie, extase, peur, colère, amour –, mais avec beaucoup moins d'intensité que le corps physique. Indifférent à la plupart des conflits collectifs, il est paradoxalement plus

« individuel » que le corps physique, se souciant surtout de sa propre évolution. Il n'est qu'exceptionnellement animé par le désir de « sauver » les autres. Il peut soutenir, donner le « déclic », mais, en définitive, il revient à chaque âme de puiser en elle-même les ressources nécessaires pour évoluer.

La sortie du corps, c'est la possibilité pour le corps astral de quitter le corps physique, de ressentir et voir au loin ou au-delà. Cette expérience résulte d'une séparation de la conscience et du corps physique. Ce moment est atteint lorsque le corps se détend, ou lorsqu'il est choqué, et que la conscience devient flottante ; en bref, lorsque l'hémisphère droit du cerveau prend le relais.

Chacun a fait l'expérience de ces « absences ». Le langage populaire en témoigne par des expressions telles que : « j'étais ailleurs », « j'étais dans la lune », « je n'étais plus là », « mon esprit vagabondait... ». Il est sain et naturel d'entrer dans des états de rêverie et de conscience modifiée. La sortie du corps est un phénomène similaire, bien plus rapide et intense. Sa durée peut aller de quelques secondes à plus d'une heure. Lors d'une extase mystique, il peut même se perpétuer durant une semaine, et c'est sans doute le vrai sens du mot « adoration ».

La matière, composée pour l'essentiel... de vide, est l'intelligence imprégnant et animant ce qui vit. La conscience peut être comparée au brouillard qui s'élève de la terre. Dans certaines circonstances que nous étudierons plus en détail, la conscience a la possibilité de se séparer du corps physique. Cela se produit la plupart du temps spontanément, sans l'avoir cherché : on a « passé la frontière », simplement. Un état de relaxation ou d'émotion particulier nous a fait « franchir la ligne ». On peut aussi s'entraîner pour favoriser ce déplacement.

Dans l'expérience qu'il rapporte, il est évident que Jung ne regardait pas la Terre avec les yeux de son corps physique, mais avec ceux de son corps éthérique. Le corps éthérique (ou astral, spirituel) conserve en effet les fonctions du corps physique. Il voit, parle et est vu, comme l'a démontré Jésus après la Résurrection, se rendant visible pour ses amis et disciples, au moment choisi. Sur la route d'Emmaüs, deux commerçants ne l'identifient pas. Pendant tout un repas, ses disciples ne le reconnaissent pas. Puis Jésus reprend son apparence habituelle, et se signale à tous.

Le dialogue interne

Durant une grande partie de la journée, nous commentons en « dialogue interne » ce que nous sommes en train de vivre. Nous nous parlons, nous émettons des idées, des objections, des suggestions. Nous menons parfois une véritable conversation, confrontant différents points de vue. Nombre de phrases prononcées ou entendues sont mémorisées. Il arrive aussi que des paroles surgissent de l'enfance ou du passé. Les connexions semblent s'établir automatiquement, sans notre intervention consciente.

Souvent, nous nous parlons ainsi sur un ton désobligeant, nous sommes très critiques, parfois même hostiles et méprisants à notre propre égard. La relaxation, l'auto-hypnose (cf. page 43) vous aideront à modifier ce dialogue interne. Vous en profiterez pour apprendre à vous parler plus aimablement, à laisser le « mental » se reposer ; à être meilleur pédagogue de votre évolution. Les exercices proposés vont vous permettre de réduire ces commentaires.

A un moment, lorsque l'on n'est plus que perception et sensation, à l'instar d'un nouveau-né, les apparences s'effacent. On perçoit la vraie nature des choses, le lien unissant ce qui vit, la ressemblance entre le végétal, l'animal, l'eau, les astres. Les capacités psychiques se développent ou, plutôt, retrouvent leur vigueur originelle, pour mieux appréhender la réalité.

Dans la vie quotidienne, même si nous ne nous en préoccupons pas, une grande partie de notre communication n'utilise pas le canal du langage. Nous n'avons pas besoin de mots pour exprimer toutes nos émotions ; bien des échanges entre humains et animaux ont lieu notamment par la télépathie, le magnétisme et le regard. Nombre de sentiments sont difficiles à décrire ou à traduire en mots. Même si nous disposons d'environ quatre cents mots pour exprimer nos émotions, leur nombre est très insuffisant pour exprimer les nuances et les variations d'un vécu !

Le mental joue parfois le rôle de geôlier de la conscience – non par hostilité, mais plutôt par désir de protection. Notre inconscient, qui recherche notre sécurité, emploie parfois des moyens inadéquats. Pour y remédier, il est utile de consentir aux différents aspects le droit de vivre en bonne intelligence : la vie matérielle et la vie spirituelle, le mental et l'intuitif, l'animal et l'angélique ont tous droit de cité.

C'est dans une zone intermédiaire, lorsque vous retrouvez les moyens de communication autres que le langage, que le corps astral se libère. Vous entrez dans la « zone frontière », une zone de pure conscience, où se trouve la matrice de l'âme. Le « dialogue interne » passe en arrière-plan, ainsi que les croyances et les certitudes. Vous devenez expérience vivante, au présent ; il n'y a plus de différence entre ce que vous êtes et ce que vous vivez ; vous vivez le monde. Il n'y a plus de séparation entre le haut et le bas, l'intérieur et l'extérieur, vous et les autres, les humains et le reste de la Création.

Le corps astral a la capacité de voyager à travers l'espace sans se soucier des distances ; il se joue du temps, qui perd toute signification. Il explore aussi bien le passé que le futur et partage avec l'inconscient la certitude que le temps est un, éternel, inépuisable.

Même si le conscient et l'inconscient fonctionnent en même temps, l'esprit conscient est chargé d'intégrer le temps qui avance, ou tourne, et revient par cycles. L'esprit conscient connaît les limites, les passages, la mort, le renouvellement, l'écoulement ; le cerveau se fait une représentation de la durée, sous l'aspect d'un espace plus ou moins structuré. Le conscient vit avec les saisons, l' « avant », le « pendant », l'« après ».

L'esprit inconscient, quant à lui, connaît seulement le temps qui ne commence ni ne finit jamais. Les événements et les vies se déroulent tous au même moment, dans un éternel présent. Nous vivons tous le même jour. Il n'y a pas de différence majeure entre ce qui s'est passé voilà mille ou cent mille ans, et ce qui se passe aujourd'hui. En ce sens, le temps de l'inconscient est le temps divin. L'inconscient pourrait dire, avec Jésus : « Avant qu'Abraham fût, je suis. » Dans le regard de Dieu, le primate qui cherchait du feu voilà un million d'années a le même intérêt que le saint contemporain. Cette puissante mémoire de l'inconscient permet aussi de retrouver ses vies passées et d'atteindre l'inconscient collectif[5].

---

5. Quelle que soit leur culture, les êtres humains possèdent un fonds commun, des archétypes, des grandes structures psychologiques qui les conduisent à s'interroger sur l'au-delà, la mort, l'invi-

En développant la communication entre l'esprit conscient et l'esprit inconscient, le voyage astral deviendra plus accessible. Qu'il se produise d'une manière brusque ou progressive, grâce à votre persévérance ou au détour d'un exercice, considérez dès maintenant que vous êtes prêt. Votre inconscient vous protège, et vous autorisera à vivre ce que vous êtes apte à intégrer. Cela peut se produire à tout instant.

En bref, en nous, comme dans tout l'univers, cohabitent une matière visible, dépendant des lois de la gravitation, et une matière beaucoup plus légère, le corps astral. Certaines distinctions opérées entre différents corps, émotionnel ou éthérique, n'entrent pas dans le cadre de cet ouvrage. Toutefois, nous mettrons en évidence la différence essentielle qui existe entre le corps astral et le corps éthérique.

Sortie du corps et survivance de la conscience

Le fait que l'homme, ou une partie de son être, puisse quitter le corps physique est-il une preuve absolue de la survie de la conscience après la mort ?

Pas nécessairement. On peut, à la limite, concevoir que la conscience puisse se séparer du corps, et qu'elle soit, comme lui, mortelle. Si la conscience ignore les frontières de l'espace et du temps, elle ne perçoit pas de

---

sible, le divin. Cela explique pourquoi les mythes fondateurs des civilisations et les religions reposent sur des principes semblables. Vivant seul dans la forêt, Mowgli, le héros du *Livre de la Jungle* de Kipling, ne deviendra jamais pour autant un ours ou un loup, et ne partagera pas leurs valeurs. Il est animé par sa nature humaine, qui le poussera à organiser les mondes visible et invisible.

différence entre le moment où elle se trouve dans un corps physique, et celui où elle se trouve en dehors. Seules les perceptions physiques indiquent à l'âme qu'elle est incarnée. Lorsque le corps astral voyage, ses repères sont les sensations physiologiques auquel il est accoutumé depuis la naissance.

Jung a pu déclarer : « Je n'aurais jamais imaginé possible une telle expérience. Ce n'était pas le produit de mon imagination. Les visions et expériences étaient réelles ; elles n'avaient rien de subjectif. Elles avaient toutes une qualité d'objectivité absolue. »

Si les êtres humains croient depuis toujours à la survie de l'âme, c'est peut-être parce qu'une parcelle d'eux-mêmes a des connaissances inaccessibles aux modes de perception habituels – une connaissance enfouie dans le cerveau ou dans les cellules, comme une boussole dissimulée. Dans des situations de conscience élargie, nous percevons soudain des évidences jusque-là cachées.

C'est ce qu'exprime Marcel, l'un de mes consultants : « Toute ma vie, j'ai cherché la vérité à l'extérieur. J'ai voyagé, j'ai interrogé quantité de gens, j'ai multiplié les expériences, parfois douloureuses, pour m'apercevoir, à l'âge de soixante-dix ans, que si je devais chercher quelqu'un pour m'aider à trouver, ce serait quelqu'un qui me conduirait jusqu'à moi-même. Un jour, dans un séminaire, j'ai compris que j'étais vraiment un être complet par moi-même. Je peux vivre la plupart des expériences que vivent les autres, mais l'extérieur mènera toujours vers l'intérieur. Le seul guide est celui qui vous conduit vers vous-même. C'était une prise de conscience toute simple, un sentiment d'unité intérieure. J'ai eu soudain la sensation que des filaments d'énergie reliaient divers aspects de ma vie. C'était une sensation physique. Il n'y avait pas d'images, simplement une euphorie bondissante. »

Le plus vieux rêve de l'humanité

Les premiers humains vivaient dans un monde différent. Leur cerveau était rudimentaire, mais en prise directe avec l'environnement. La sélection naturelle avait favorisé les groupes capables de mieux voir, de mieux entendre, d'interpréter les signaux du monde extérieur.

On sait aujourd'hui qu'il n'y avait pas d'unité raciale ou culturelle. Les tribus se déplaçaient et évoluaient différemment. A l'intérieur de celles-ci, les individus ne se sentaient pas séparés les uns des autres, ni séparés du monde extérieur. Ils « faisaient corps » avec la nature et avec les leurs. Leurs échanges intervenaient par gestes, sons, cris et grognements, et probablement déjà grâce à un langage embryonnaire. Il n'existait alors que quelques objets façonnés manuellement, et guère de constructions solides. Les actes de la vie quotidienne se bornaient à se nourrir, se chauffer, se répartir les tâches (approvisionnement, soins aux enfants) et se protéger du danger. Surtout, il était indispensable de rester solidaires, d'assurer la sécurité de tous ; par exemple, de se prévenir télépathiquement en cas de problème. Le développement de cette conscience collective était essentiel à la survie du groupe : elle permettait d'échanger aussi des informations sur les points d'eau, la présence de troupeaux ou d'ennemis. Si l'homme moderne était obligé de développer ses capacités extrasensorielles pour survivre, quelques générations suffiraient sans doute à ce que d'immenses progrès soient accomplis.

On imagine sans peine la scène : un groupe de chasseurs entoure un animal. Que faire ? Il est indispensable de communiquer de manière non verbale, sans même se regarder. Ces hommes sont imprégnés par les forces qui les entourent. Ils sont proches, par leur mode de vie, des animaux. Ils ne possèdent presque aucun objet pour s'en différencier, hormis quelques armes. Dès cette époque, bien avant Neandertal et Cro-Magnon, on peut penser que la chasse était organisée d'une manière rituelle où la magie avait sa part. Le groupe devait apprivoiser, en le visualisant à l'avance, l'animal qu'il pourchassait ou celui qui l'aiderait.

Bien avant Démosthène[6], nos ancêtres de Lascaux et de Chauvet inventèrent la visualisation ; non seulement dans le sens de « voir », mais surtout dans le sens de « projeter pour faciliter la réalisation ». La psychologie contemporaine n'a rien inventé. Les chasseurs avaient recours à un procédé très moderne, qui consiste à se faire une représentation visuelle, olfactive et auditive de ce qu'on désire obtenir. Il est ensuite plus facile pour le cerveau, guidé par l'image, d'atteindre l'objectif. Nul n'ignore qu'il est plus facile d'atteindre ses buts... si l'on en a, et s'ils sont clairs et motivants.

Pour favoriser le dédoublement, on agira de la même façon, en familiarisant peu à peu son corps et son esprit à des expériences nouvelles. On visualisera le but, on initiera son corps à des sensations inédites.

---

6. Ce célèbre orateur de l'Antiquité grecque, considéré comme le maître de l'éloquence, pour mémoriser ses discours, les divisait en plusieurs chapitres et imaginait que chacun était résumé et affiché sur le pilier d'un temple. Quand il parlait, il lui suffisait de s'arrêter en imagination devant chacun des piliers pour retrouver le fil de ses propos. Cette méthode mnémotechnique se révèle encore efficace de nos jours.

Sans doute les sorciers avaient-ils la capacité de sortir de leur corps pour survoler le territoire à la recherche de l'animal ou du point d'eau qui assurerait la subsistance. Lorsqu'ils levaient les yeux au ciel, rêvaient-ils de devenir oiseau, pour planer au-dessus des rivières et des forêts, tel l'aigle majestueux fondant depuis son piton rocheux ? Qui, au bord d'une falaise, n'a rêvé d'imiter le goéland ?

Grâce aux danses et aux fêtes collectives, chacun avait sa place dans la communauté, chacun se savait appartenir à une même unité. Tous vivaient en familiarité, se comprenant à demi-mot. Quelle différence avec la civilisation urbaine ! Le marginal, le « bizarre », celui qui parlait seul, qui entendait des voix, qui voyait l'invisible, celui qui était un peu différent avait toute sa place dans la communauté. En général, on l'intégrait en qualité de voyant, de médium, de chamane, d'homme-médecine.

(La source du chamane n'est pas tarie, elle se trouve sans doute en chacun de nous, et peut soutenir nos expériences de décorporation[7].)

Par la suite, la plupart des phénomènes hors norme furent associés à la religion, récupérés ou intégrés, admirés ou combattus. Toute manifestation apparentée à la transe devint sainte, ou au contraire diabolique, mais jamais vraiment neutre. L'humanité s'adapta assez bien à un environnement qu'elle rendit de plus en plus sophistiqué, s'inspirant des fourmis pour créer l'élevage, développant l'agriculture, inventant des outils et des armes.

7. Action de se décorporer. La conscience se libère du corps.

Au fil des siècles, la conscience collective se révéla moins nécessaire à la survie. Les êtres humains devinrent étrangers les uns aux autres, ne « communiant » qu'en de rares occasions. De nos jours, la conscience est individualisée, parfois à l'extrême. Les exigences et les libertés du monde moderne incitent les individus à une très forte autonomie, conduisant les plus faibles, dans des périodes de crise et de mutation, à sombrer. L'idéal est de trouver un équilibre entre le groupe et la personne, de profiter des bienfaits du groupe comme de ceux de la solitude.

Dans la plupart des pays, l'esprit collectif, la conscience collective se sont étiolés, voire perdus. La tristesse de vivre fait des ravages. De moins en moins lié à ses semblables, l'homme cherche de nouvelles formes de solidarité. S'entendre avec les autres membres d'une tribu était difficile, mais possible. S'entendre au sein de grandes masses anonymes devient plus problématique. Au XXe siècle, des dictateurs se sont emparés de ce besoin de conscience collective et l'ont détourné à leur profit, jusqu'au chaos.

Pourtant, le besoin de transe demeure. Il semble aussi important que le besoin spirituel de communier avec les autres, de se trouver ensemble, dans une identité et une fraternité partagées. L'être humain n'a pas fondamentalement changé en quelques millénaires. Pour atteindre l'harmonie intérieure, il a toujours besoin d'expérimenter des états de conscience modifiée. C'est aussi une nécessité physiologique. La sortie du corps rappelle qu'à l'échelle de l'univers éternel il n'y a pas tant de différences dans les différents niveaux du vivant.

Élargir ses perceptions permet de mieux synchroniser les deux hémisphères du cerveau ; de vivre en pleine conscience, en utilisant aussi les ressources de son esprit inconscient.

La plupart des techniques présentées dans ce livre favorisent les échanges d'énergie, d'abord à l'intérieur, puis à l'extérieur du corps ; elles améliorent la détente et l'intégration des émotions. Elles peuvent aussi contribuer à préserver la santé, en dénouant les blocages affectifs et en allégeant les traumatismes liés au passé.

Vous découvrirez que les émotions peuvent être utilisées pour favoriser la sortie de conscience et la sortie du corps. L'énergie interne est perçue après quelques heures d'entraînement ; l'énergie externe est perçue en général après quelques jours. A chaque étape correspond le plaisir d'une découverte particulière.

Le principe du déplacement de la conscience hors du corps physique était connu en Égypte, dans la Grèce antique, en Gaule, en Bretagne, en Sibérie, en Palestine, dans les Andes. Les diverses cultures l'ont utilisé à des fins thérapeutiques ou spirituelles (ce qui, alors, revenait au même, prêtres et médecins présentant peu de différences). Le voyage astral fut considéré comme l'aboutissement de l'humain aux frontières du divin. Il attestait de la puissance spirituelle d'une personne ayant réuni en elle-même les pouvoirs habituellement dispersés chez plusieurs individus. C'était aussi un moyen de communiquer avec le monde des ancêtres et des dieux. On trouve là des analogies certaines avec les pratiques de guérison chamanique, une de ces méthodes consistant à projeter sa conscience dans le corps du malade pour combattre directement le mal, sur le plan énergétique.

Les Grecs connaissaient bien entendu le corps astral, qu'ils appelaient *eidolon*, de la racine *eidos* signifiant « forme, essence ». Les anciens Égyptiens, quant à eux, appelaient *ka* ce corps de lumière, qu'ils représentaient sous l'aspect d'un oiseau à visage humain. Lorsqu'une personne rendait son dernier souffle, le *ka* rejoignait le Pays de la mort. Nous dirions aujourd'hui : la conscience changeait de véhicule, de maison. Les prêtres percevaient la nécessité de se familiariser avec des expériences de dissociation[8], celles-ci autorisant en effet la projection de la conscience hors du corps physique, tout en préservant les facultés psychiques. L'avantage des rituels d'initiation consistait à expérimenter des états extrêmes. En automne, les rites osiriens se déroulaient en deux parties, la première pour commémorer le meurtre d'Osiris, avec obligation de jeûne, d'abstinence et de recueillement ; la seconde prenait la forme d'une fête joyeuse, avec offrande d'une corbeille de fruits pour acclamer la résurrection du dieu.

Selon les époques et les lieux, nombre de techniques, reposant sur les mêmes principes, furent employées. En Égypte et en Inde, on enfermait le disciple dans un cercueil, au fond d'une grotte ou d'un temple. En Amazonie, on obligeait chaque jeune garçon à rester seul plusieurs jours dans la forêt, jusqu'à rencontrer, en voyage

---

8. Mécanisme naturel qui consiste à se voir de l'extérieur, à séparer la conscience et le corps, ou à se dédoubler. On dira d'une expérience revécue de l'intérieur que l'on y est « associé ». Si on est détaché, voyant la scène comme si elle se déroulait devant soi, on dira que l'on est « dissocié ». Les techniques de dissociation sont très puissantes pour effacer les traumatismes et les phobies. En lisant ce livre, vous êtes associé. En vous voyant de l'extérieur en train de lire, vous êtes dissocié. Les techniques de dissociation, saines et bien intégrées, sont de bons exercices préparatoires à la sortie de conscience, puis à la sortie du corps. Elles permettent, au sens propre, de « prendre du recul » et de mieux évaluer les événements.

astral ou en vision, l'Esprit qui deviendrait son guide et son gardien. Il recevait alors des messages qui le transformaient en guerrier. Le jeune garçon bénéficiait aussi, sur une période courte et intense, d'une alchimie intérieure qui, dans nos sociétés, réclame des années pour s'accomplir.

La visite de l'Esprit est une pratique courante en Europe, au Moyen-Orient et au Proche-Orient. Dans le christianisme, la solitude (monastères, ascèse dans des cellules, silence, adoration) a souvent été recherchée pour purifier l'ego et le mental, et laisser la conscience croître. L'acte de pénitence se fait seul, par le truchement d'un mantra[9] (récitation du *Pater* et de l'*Ave Maria*) destiné à laver le mental, et le rachat s'effectue par rapport aux autres (pardon, bonne action). On retrouve, là encore, l'équilibre qui naît à l'intérieur et se diffuse à l'extérieur.

Dans certaines parties du monde (Afrique, Asie, Amérique latine), la consommation de substances hallucinogènes était autorisée dans ces circonstances exceptionnelles. Il ne s'agissait pas de se droguer, mais, sous haute surveillance, dans une dramatisation très codée, de déclencher le passage vers une autre étape de soi même.

Pour atteindre les mêmes états de conscience, le judaïsme, le christianisme et l'islam ont préféré la prière isolée ou collective, selon les circonstances. Le christianisme lui a ajouté le riche symbole de l'hostie, si chargée

9. Récitation répétée d'un mot ou d'une formule, qui permet d'arrêter le flot des pensées. Au bout de quelques minutes, voire de quelques heures, le récitant sombre dans un état de conscience modifiée et atteint un sentiment de plénitude.

de signification qu'elle suffit à provoquer la transe chez certains croyants – en un instant, ceux-ci s'unissent au Seigneur, à sa Passion et à sa Résurrection, ainsi qu'à l'assemblée des fidèles.

De nos jours, les pratiques d'auto-hypnose peuvent déclencher des visions identiques à celles produites par l'opium et les hallucinogènes. L'ensemble de ces méthodes n'a rien perdu de son efficacité, bien au contraire. Les recherches contemporaines[10] ont permis d'en étudier la structure et de les perfectionner.

On regroupe ces techniques, aussi efficaces aujourd'hui qu'il y a cinq mille ans, par leurs points communs :

Préparation psychologique, technique et spirituelle : l'apprenti est placé dans certaines conditions. On oriente sa représentation du monde, on unit ses expériences, qui prennent une signification nouvelle, évidente. Parallèlement, on lui fait découvrir son corps, par des « stress » extrêmes, des privations ou des défis. On lui apprend la respiration, le calme, la méditation, le contrôle de soi ; on le familiarise avec les entités invisibles, avec la perspective de rencontres déplaisantes ou merveilleuses ; on valorise l'ascèse, le courage, l'abnégation, la volonté, le « lâcher-prise ».

Orientation des pensées vers l'objectif poursuivi : illumination, apaisement, échange, initiation, compréhension, détachement, possession et maîtrise de la force intérieure. Peu à peu, le cerveau se forge une représen-

10. Notamment la méthode Silva, reposant spécialement sur la visualisation et la préparation à des situations à venir ; la programmation neurolinguistique, qui a étudié la « structure de l'excellence » dans le domaine du développement personnel, du sport, de la santé ; et la sophrologie.

tation de ce qu'il souhaite obtenir. Les sensations, les idées, les projets et les expériences passées se relient et s'orientent dans une direction déterminée. Au fur et à mesure, l'objectif se concrétise et se renforce.

L'émotion est d'abord amplifiée pour provoquer une catharsis[11]; il est nécessaire d'éprouver par avance ce qui sera vécu dans des situations limites. Ensuite, l'émotion est combattue, pour éviter que l'élève ne soit balayé par la panique au moment crucial. Une fois qu'il sait ce qui l'attend à l'intérieur de lui, sa peur est réduite. On retrouve là bien des points communs avec l'entraînement des commandos militaires.

L'isolement est une condition indispensable. Même si la préparation (chants, respiration, prière, méditation, exercices d'endurance, etc.) peut s'effectuer en collectivité, le passage essentiel se fait toujours seul. L'apprenti sera contraint de puiser la force en lui, sans recours à quiconque.

Le calme et la maîtrise placent le mental en arrière-plan, pour accueillir les sensations et les visions nouvelles.

On vide le corps et l'esprit des anciennes chaînes de pensée et de comportement. Plus question de porter un masque, de tricher. L'origine sociale, la puissance de la famille, les connaissances livresques deviennent inutiles : l'individu se retrouve face à lui-même, obligé de faire appel à ses ressources profondes : il découvre ses peurs, sa lâcheté, ses manques, puis les dépasse. Il n'a pas le choix, sinon la mort, la blessure ou l'humiliation permanente l'attendent.

---

11. Décharge émotionnelle qui enlève les blocages et se traduit souvent par des larmes ou des moments d'allégresse.

L'enfant subit parfois des scarifications, des épreuves que l'on peut juger cruelles, avant d'être laissé seul dans la nuit, ou au milieu des bêtes sauvages. Ce dépassement lui permet d'ancrer sa confiance en lui et de prendre toute sa place dans le monde adulte. De nos jours, les sociologues constatent que les sociétés modernes manquent de structures d'initiation, ce qui conduit nombre d'adolescents à la délinquance et au suicide.

Tôt ou tard, chacun doit affronter ses fantasmes, ses peurs, ses blocages, ses pulsions morbides ou destructrices, ses hallucinations. Cette évaluation des fautes et des faiblesses, très douloureuse, est prise en charge par la religion ou par la psychothérapie. En leur absence, la vie s'en charge, à trente, quarante ou cinquante ans, puisque les pulsions méconnues conduisent à des contradictions qui s'achèvent en implosions. Il peut être plus efficace de provoquer cette mise à nu dès l'âge de onze ou douze ans, pour purger la part d'ombre [12].

Avec l'épuisement du manège mental et la fatigue physique, après le jaillissement terrifiant des énergies hostiles, survient la libération, la catharsis. Celle-ci dure plusieurs heures ou plusieurs jours. Elle se traduit par des prises de conscience accélérées, des crises de larmes, des fous rires de « compréhension » des mécanismes de

12. Selon Jung, la part d'ombre est l'ensemble des pulsions négatives d'une personne. C'est aussi le siège des moteurs les plus puissants de la personne. Lorsque la part d'ombre est acceptée, intégrée, canalisée ou sublimée, la personne accède à sa véritable identité et augmente sa sécurité intérieure. Cette conception présente bien entendu des points communs avec le « Ça » de Grodeck et de Freud, la « possession » des anciens Hébreux, l'« action diabolique » des Chrétiens, ou encore le comportement de certains djinns (esprits) pour les Musulmans, ainsi qu'avec tous les concepts d'envoûtement.

l'univers, des cris et des chants de joie ; elle est parfois accompagnée de spasmes, de mouvements désordonnés du corps. L'apprenti passe par diverses formes de transes : il est transporté hors de lui-même, arraché à lui-même, révélé à lui-même. Toutes ces transes ont en commun de relier des parties méconnues de sa personnalité, des aspects ignorés d'expériences passées, ou de puiser dans les richesses de l'inconscient collectif.

La sortie du corps présente des points communs avec les transes connues des sociétés traditionnelles. C'est la crise d'« enthousiasme », de communion avec Dieu, des jeunes filles de la Grèce antique, qui leur ouvrait la voie des temples où elles devenaient vestales ou pythies. Le « démon » était alors un être surnaturel, bon ou mauvais, maître de la destinée. Il n'avait pas le sens qu'il a pris par la suite sous le nom de « Satan ». Aussi était-il important de se concilier ses bonnes grâces, au besoin en consultant des devineresses et en offrant de la nourriture aux dieux. Lorsqu'une jeune fille avait vécu cette expérience, on considérait qu'elle était « choisie » ; elle servait d'intermédiaire entre le Ciel et la Terre.

Au Tibet, pendant l'agonie et après la mort, il est temps pour l'âme d'affronter les « déités courroucées », qui ont de bonnes raisons d'être en colère contre l'ancien vivant ayant négligé son évolution, ou qui doit affronter les épreuves préparatoires à sa future vie. Vient toujours un moment où, sous une forme ou une autre, sonne l'heure de la pesée des âmes *(Bardo Thödol)*. Les Tibétains estiment que le *Bardo Thödol*[13] a

---

13. Voir *Le Livre des Morts tibétain*, suivi d'un *Commentaire psychologique* par Carl Gustav Jung, Librairie d'Amérique et d'Orient, Paris, 1987. Cet ouvrage relate les expériences de l'âme après la mort du corps physique.

été dicté par des moines ayant dépassé le stade de l'agonie, mais qui conservaient une conscience assez claire pour imprimer leur volonté au cerveau et à la voix de leur corps physique, qu'ils avaient presque quitté. Ils révélaient ainsi ce qui se passait dans le royaume de la mort. L'âme doit affronter des épreuves et des forces qui se présentent comme des entités.

Du point de vue psychologique, on peut objecter qu'il s'agit de forces intérieures, dont la manifestation entraîne les mêmes conséquences que si elles étaient réelles. Le dédoublement autorise à vivre certaines expériences de son vivant.

Au Japon, en Chine, en Europe, en Afrique, de très fortes traditions issues du shintoïsme, du bouddhisme, du christianisme ou de l'animisme autorisent des prêtres, des bonnes femmes [14], des médiums, à garder le lien avec les parents disparus par la prière, le *channeling* (« canalisation », ou « invocation des mânes ») et d'autres méthodes.

A travers les siècles, ces pratiques ont connu des fortunes diverses. Parfois encensées, préservées, elles ont également été combattues. Gnostiques, alchimistes, hérétiques de toutes obédiences ont contribué à maintenir un certain goût pour ces recherches et ces pratiques. Le christianisme admet ces phénomènes de bilocation [15], mais les réserve aux saints et aux mystiques

---

14. Ce mot a deux origines, l'une cathare, dans le sens de « sage-femme », ou de « femme de bonne moralité », l'autre dans le sens de « bonne fame », c'est-à-dire « de bonne réputation » (le mot « fame » est de la même famille que « fameux » et « mal famé »).

15. Capacité à se trouver dans deux endroits différents en même temps, appelée quelquefois « don d'ubiquité ». Le corps physique reste à un endroit et demeure visible, tandis que le corps éthérique se déplace et peut être vu par certaines personnes.

(Mère Yvonne-Aimée de Malestroit, Thérèse d'Avila, Padre Pio, etc.).

Le dédoublement du professeur

Plus près de nous, dans l'Europe moderne, juste avant la Seconde Guerre mondiale, Lord Aukland Geddes [16], professeur d'anatomie, fut vivement impressionné par une expérience à laquelle rien ne l'avait préparé. Il avait reçu l'enseignement cartésien traditionnel, qui veut que seules les expériences reproductibles soient prises en considération, négligeant l'influence des phénomènes psychiques sur l'évolution du monde et des hommes. A cette époque, plus encore qu'aujourd'hui, on ne soignait qu'à moitié les malades; seuls comptaient les symptômes. C'était oublier la force de régénérescence de l'esprit sur les cellules du corps. La médecine se privait du secours de l'hémisphère droit du cerveau, ce qui n'était pas pour faciliter l'accord du conscient et de l'inconscient en vue de la guérison.

Lord Geddes, pourtant, n'hésita pas à présenter son témoignage à la Société royale de Médecine, de manière désintéressée.

Un soir, chez lui, il avait manifesté tous les symptômes d'un empoisonnement fatal: violentes douleurs intestinales, forte diarrhée, respiration oppressée et saccadée... Étendu sur son lit, il souffrait terriblement, incapable de faire un geste, attendant la mort qui allait l'emporter par excès de souffrance.

---

16. Voir Rodney Davies, *The ESP Workbook*, Aquarian Press, 1987.

Voici ce qu'il raconta par la suite à ses collègues : « Je voulais sonner pour demander de l'aide, mais je ne le pouvais pas et dus y renoncer. Je me rendis compte que j'étais très malade (...) et ma conscience était séparée d'une autre conscience qui était moi aussi. Pour faciliter la description, appelons-les consciences A et B. La conscience A, qui se trouvait être moi, semblait hors de mon corps, que je pouvais voir. Progressivement, je m'aperçus que je pouvais voir, non seulement mon corps et le lit sur lequel j'étais étendu, mais chaque chose de la maison et du jardin ; ensuite, je m'aperçus que je voyais des "choses" non seulement dans ma maison, mais à Londres et en Écosse, avec une vision parfaite des deux yeux... Je vis A entrer dans ma chambre, je réalisai qu'il avait subi un choc terrible, et je le vis se jeter sur le téléphone. Je vis mon docteur quitter rapidement ses patients et je l'entendis dire : "Il est presque parti..." Il m'injecta du camphre. Comme mon cœur commençait à battre plus fermement, je revins dans mon corps, très préoccupé, car j'étais intéressé par ce que je commençais à peine à comprendre et que je voyais. La clarté de la vision disparut... »

Dans ce témoignage, on reconnaît quelques-unes des voies d'accès privilégiées du dédoublement : état de conscience particulier ; émotions aiguisées ; identité double, ou plus large que d'habitude ; perception externe du corps ; certitude que la conscience se trouve en dehors du corps physique...

Un autre savant anglais, le docteur Romanes[17], avait vécu une expérience similaire quelques décennies plus

17. Ernest Bozzano, *Les Phénomènes de bilocation*, Éditions Jean Meyer, Paris, 1937.

tôt. En pleine nuit, alors qu'il était éveillé, il lui sembla que la porte s'ouvrait. Une forme blanche entra, le frôla, se dressa sur ses pieds et s'arrêta devant lui. Elle avait la tête et le corps entourés de voiles blancs. « Portant soudain les mains en haut, rapporta-t-il, cette forme enleva les voiles qui lui cachaient le visage, et alors, comme encadrée par ses mains, m'apparut la figure de ma sœur, laquelle, malade, était couchée depuis quelque temps dans la maison. Je l'appelai, criant son nom avec force, mais je la vis alors instantanément disparaître. »

Le lendemain, il fit venir un collègue, qui diagnostiqua la mort imminente de sa sœur : elle se produisit quelques jours plus tard.

Aux approches de la mort, le corps astral, véhicule de la conscience et messager de l'âme, commence à se détacher, en général pour rendre visite à des proches, pour « boucler » des situations inachevées, pour avertir ou dire au revoir. Fort heureusement, ce moment est souvent agréable.

Le voyage de la conscience

Si le voyage astral peut être défini comme une forme de déplacement de la conscience, il est davantage que cela. Ce n'est pas seulement la conscience qui quitte l'enveloppe charnelle, mais bel et bien une entité distincte, la substance spirituelle. Cette dissociation se produit souvent lors de chocs émotionnels ou physiques. Un accident, un état de panique, un traumatisme, un malaise cardiaque le favorisent. Il s'agit également d'un mécanisme d'autoprotection : lorsqu'une situation se révèle insupportable, moralement ou physiquement trop douloureuse, l'esprit s'échappe du corps. Cela explique que certains martyrs chrétiens connaissaient l'extase malgré la torture, ou que des mystiques contemporaines, telles Thérèse Neumann ou Marthe Robin, en dépit de leurs souffrances, vivaient des moments d'allégresse. Des sorties du corps ont aussi été constatées à l'occasion de malaises cardiaques, d'accidents de la route, de viols, d'accouchements.

Ce phénomène n'accompagne pas automatiquement toute perte de conscience, même s'il se produit parfois dans un état de profonde relaxation ou pendant les rêves, lorsque la conscience relâche son état de veille habituel.

Après des millénaires de tâtonnements et de progrès empiriques, le monde moderne encourage les expériences à grande échelle et, surtout, le partage et la diffusion des connaissances. Plus que jamais, la culture est accessible au plus grand nombre, ce qui conduit à une autre question : la sortie du corps est-elle profane ou religieuse ? Est-ce un phénomène transitoire, hérité de l'ancien temps, destiné à disparaître – ou, au contraire, annonce-t-il le développement de nouvelles possibilités humaines ?

Il est tout à fait possible d'étudier et de pratiquer la sortie du corps d'une manière profane, même si, tôt ou tard, se pose la question de l'origine du monde visible et des mondes invisibles. La sortie du corps est peut-être une fonction biologique, organique, essence de notre physiologie de mammifère. Durant des siècles, seule la religion a proposé aux humains l'occasion de vivre des transes – l'extase, la communion, le partage, l'espoir, la rémission, le dépassement des épreuves. Mais, que l'on croie ou non en Dieu, force est de constater qu'il n'y a pas de société humaine sans rapports constants avec les forces invisibles. Pour avoir cru s'en passer, le XXe siècle a sombré dans la superstition, les holocaustes et le culte de la personnalité.

Voyage astral et hypnose

L'hypnose est un raccourci vers les frontières de la conscience. Cette technique (ou, devrait-on dire, ces techniques) a connu des fortunes diverses, tantôt considérée comme magique, maléfique, dangereuse ou miraculeuse... On redoute la manipulation. Le meilleur antidote est que chacun puisse y avoir accès, pour la démystifier et en connaître les limites.

Les techniques modernes, issues pour l'essentiel des travaux de Milton Erickson[18], permettent de vivre l'hypnose tout en restant conscient et en sécurité.

En réalité, l'hypnose est un phénomène quotidien. Environ soixante fois par jour, nous entrons dans des états de conscience modifiée : on est « dans la lune », on « rêvasse », ou bien l'on a « la tête ailleurs »... De grands cycles rythment la journée. Pendant une heure et demie, l'hémisphère gauche du cerveau domine ; on est alors capable de lire, d'étudier, d'être concentré. Puis c'est l'hémisphère droit qui prend le relais ; il est temps de laisser flotter ses idées ; on devient plus réceptif, on comprend mieux les symboles. C'est le moment de l'intégration et des prises de conscience[19].

---

18. Milton Erickson, psychiatre américain non conventionnel, a découvert l'auto-hypnose dans son enfance. Paralysé par la poliomyélite, il a appris à lutter contre la douleur, puis à marcher. Par la suite, il a mis au point un ensemble de méthodes permettant à ses patients d'atteindre des états hypnotiques non par l'imposition de sa volonté, mais en faisant appel à la collaboration de leur inconscient. Il est considéré comme à l'origine de la thérapie systémique, de l'hypnose moderne et de la programmation neurolinguistique.

19. Voir à ce sujet Ernest Rossi, *Vingt minutes de répit*, Éditions La Méridienne, 1994.

Au début du siècle, Charles Lancelin[20] a mené de grandes recherches sur ce qu'il appelait le magnétisme animal. Ce terme désigne de nos jours les énergies les plus « incarnées ». Nous possédons tous un magnétisme animal, qui apaise et guérit. Les animaux, comme les humains, sont doués pour fasciner, charmer, dominer leur proie. Que l'on songe à la mante religieuse, qui saisit d'effroi et tétanise ses victimes en remuant ses pattes tranchantes, ou bien encore au serpent hypnotisant l'oiseau, au singe, à l'ours faisant fuir l'ennemi par ses cris – ou au contraire attirant la femelle...

Cette force intérieure peut être utilisée sainement. Avec de l'entraînement, ce magnétisme animal conduit au magnétisme spirituel. La force charnelle devient force invisible.

Nous sommes des êtres rayonnants : nous communiquons intensément avec le monde extérieur, que nous le voulions ou non. Qu'il suffise de se représenter la vitesse de transfert des émotions, ou les innombrables signaux que nous percevons des autres, et que nous captons parfois brouillés – même si, là encore, la pratique améliore le discernement.

Grâce au magnétisme, en concentrant sa pensée et son énergie, Charles Lancelin pouvait atteindre un état de transe profond. Il dissociait alors son corps physique de son corps spirituel pour vivre des expériences hors du corps.

Au siècle dernier, le marquis de Puységur, quant à lui, put magnétiser un berger et le plonger dans une transe profonde, en endormant sa conscience par une série de passes magnétiques agissant physiquement. Par la force

---

20. Charles Lancelin, *Méthode de dédoublement*, F. Lanore, 1986.

de sa volonté, le marquis prit le pouvoir sur le berger ; de son côté, celui-ci accepta de se soumettre à cette force extérieure. Même dans l'hypnose classique, appelée aussi « hypnose autoritaire », le consentement plus ou moins inconscient du sujet est nécessaire à la réussite de l'opération. Un praticien de l'hypnose moderne n'agirait pas ainsi : il offrirait une compensation au berger – amélioration de sa santé, éclaircissement de ses solutions, mise au jour de ressources insoupçonnées... Quelqu'un qui offre sa confiance mérite une récompense.

Le marquis s'était inspiré des travaux de Franz Mesmer, médecin allemand installé à Paris au XVIIIe siècle. Grâce au magnétisme animal, celui-ci prétendait guérir nombre de maladies. Il pouvait diriger ce fluide par les mains ou à distance. Il fit construire de grands baquets, dans lesquels les malades prenaient place. Le courant, circulant entre eux, déclenchait des guérisons.

Mauvais pédagogue, maîtrisant sans doute mal ses forces intérieures, manquant de recul par rapport à ce qu'il déclenchait, Mesmer fut contesté par l'Académie française, qui, après vérification, estima que ses expériences « ne cont[enai]ent rien ne pouvant pas être expliqué par l'imagination ». Ce qui appelle deux remarques. Premièrement, il est toujours stupéfiant de constater que l'imagination est capable de rendre malade comme de guérir ; de même, les recherches médicales prouvent régulièrement que dans certains cas, les placebos agissent aussi bien, sinon mieux, que les médicaments. Deuxièmement, ce fluide ressemble fort à la *shakti*[21],

21. Énergie divine qui se trouve dans le corps et hors du corps. Elle se manifeste sous l'aspect de la déesse Shakti, qui réveille la Kundalini, autre image d'elle-même et serpent d'énergie qui monte dans la colonne vertébrale, irradiant le corps en état de rayonnement

l'énergie des Indiens, développée notamment par le *siddha-yoga*, la voie des pouvoirs. Il rappelle également la grâce divine qui se manifeste dans les réunions du Renouveau charismatique[22] ou des Adventistes, lorsque la guérison opère dans un état de transe collective.

Ce mystère du fonctionnement du cerveau et des cellules mériterait que de jeunes chercheurs s'y consacrent plus exclusivement. Si la guérison est rendue possible par des « hallucinations », pourquoi ne pas utiliser ces procédés ? Le miraculé ne se soucie pas de savoir si sa guérison est contraire aux lois physiques ou au contenu des ouvrages scientifiques... Et il paraît logique de respecter et de perpétuer les méthodes religieuses et chamaniques qui ont permis aux hommes de guérir durant des millénaires.

En développant le magnétisme animal, le fluide, le rayonnement, on facilite les états hypnotiques et la sortie du corps. On devient sa propre conscience, s'emplissant de soi-même, débordant ; et dans le même temps, se vidant de soi-même et s'emplissant de l'univers. La conscience est comme l'esprit : elle ne connaît pas les limites de la matière, ne différencie pas le visible et l'invisible, le passé, le présent et le futur. La conscience est une matière plus légère que l'air, qui se concrétise sous une forme vaguement humaine et s'échappe de la chair.

---

et d'extase. Il s'agit donc d'une force intérieure, mais également personnifiée à l'extérieur sous l'aspect d'une divinité. On retrouve l'habituelle relation associée-dissociée. On la reçoit et on l'émet, on est le récepteur et la source.

22. Voir Staprem, *Le Mental des cellules*, Robert Laffont, 1981 ; Émiliano Tardif, *Jésus a fait de moi un témoin*, Éditions de L'Emmanuel, 1985 ; Swami Muktananda, *Le Jeu de la conscience*, Guy Trédaniel, 1984.

Cette conscience est mémorisée dans les cellules[23]. Les événements, les actions et les pensées sont enregistrés dans notre corps, dans notre cerveau et dans chacune de nos cellules. Notre chair fonctionne en quelque sorte comme un CD-Rom ultraperfectionné, qui conserve non seulement les images, mais les émotions, les odeurs, l'environnement, la luminosité, l'état d'esprit à un moment donné, etc.

Pour ne pas encombrer la conscience, la plupart des expériences et des incidents deviennent inconscients. On agit alors « machinalement ». L'inconscient est chargé de gérer les informations qui ne nous sont pas d'une utilité immédiate, ainsi que toutes les actions et chaînes de pensée automatisables. Cette faculté de mécaniser les gestes et les idées a permis l'essor de la parole et des innombrables comportements humains. S'il fallait toujours songer à ce que l'on va dire, ou réviser mentalement les gestes à venir, nous serions restés des êtres primitifs, ne disposant que d'une faible réserve d'actions et de réactions. Le potentiel de l'inconscient est la clé de l'essor humain.

La médaille a son revers : le mécanisme de l'inconscient peut nous faire revivre à l'infini des souvenirs désagréables, car nous apprenons rarement à interrompre une chaîne de pensées et à faire bifurquer les émotions. Une fois le mécanisme intégré, on ne le

23. Voir Ernest Rossi, *Psychobiologie de la guérison*, traduit par Jean-Claude Bernot et Claudine Meylan Pernet, Éditions Hommes et Perspectives, Épi, 1994. Cet ouvrage, issu des recherches les plus récentes en psycho-immunologie, neuroendocrinologie, génétique moléculaire et neurobiologie, illustre la façon dont l'esprit met en place des mécanismes de guérison. Le processus de maladie peut dans certains cas s'inverser grâce au psychisme.

remarque plus, il paraît aller de soi, et l'on ne sait plus comment l'orienter. Et pourtant, de nombreux souvenirs agréables sont disponibles, ne demandant pour resurgir... qu'une pensée favorable.

Pourquoi ne pas commencer par un exercice très simple ?

Éveiller n'importe quel souvenir

Avez-vous déjà porté une veste bleue ? Avez-vous déjà dansé un tango ?

Aussitôt ces questions posées, votre cerveau se met en quête d'images, de sensations, d'exemples. En un instant, votre esprit parcourt des années de votre vie, opère un tri quasi instantané. La visualisation est ce processus naturel, cette faculté de se remémorer ou d'imaginer des situations absentes de l'environnement immédiat. Projeter, telle est la grande force de l'être humain.

Amusez-vous à faire surgir des souvenirs que vous pensiez disparus. Soyez attentif surtout aux sensations physiques. Prenez comme point de départ certains mots, par exemple : plage, forêt, chaud, crème, gâteau, grenadine, fenêtres, danse, lit, petits pois, purée... En quelques instants, quantité d'informations remontent à la surface. Un procédé similaire vous permettra bientôt de redécouvrir vos capacités à dissocier conscience et corps physique ; vous mettrez au jour le trésor de votre inconscient individuel et de l'inconscient collectif.

La visualisation facile

Plus exact que « visualisation » est le terme « représentation », car la fonction visuelle n'est pas la seule à opérer : les fonctions auditive, kinesthésique, olfactive, participent également de cette activité.

Pour réussir cet exercice, auquel vous devez consacrer de cinq à dix minutes, restez assis, ou étendez-vous sur votre lit. Après avoir ravivé des situations agréables du passé, imaginez une situation à venir. Voyez-vous vous-même en train de réaliser quelque chose qui vous tient à cœur – par exemple, vous passez un examen en restant détendu, vous parlez à un supérieur sans vous sentir inférieur, ou bien encore vous chantez en public, ou vous dessinez paisiblement. C'est un bon moyen de vous perfectionner. Il n'est pas indispensable de mimer les mouvements correspondants, mais le faire vous aidera, au même titre qu'une répétition théâtrale.

Ensuite, pour varier, aussi longtemps sinon plus, appliquez-vous à ressentir les mouvements, tout en restant strictement immobile. Quelques exemples :

– vous faites du sport, vous vous observez de l'extérieur, comme à travers l'objectif d'une caméra. Éprouvez les tensions dans les muscles, le choc des pieds sur le sol, les mouvements des bras, etc. Sentez que, la prochaine fois que vous pratiquerez ce sport, vos gestes seront déliés et harmonieux. Comme un metteur en scène, ajustez les diverses composantes : chaleur, respiration, pensées, environnement ;

– vous courez le long de la mer ; sentez le vent dans vos cheveux, le sel sur votre peau ; ressentez l'eau sur vos mollets, entendez le cri des mouettes et les sirènes de bateaux ;

– vous téléphonez pour demander un renseignement ou un service ; écoutez votre voix posée ;

– etc.

Là encore, le processus est connu. Toute la journée, nous imaginons des événements qui sont censés se produire, même si parfois notre imagination nous joue des tours. D'où l'importance de tester à l'avance vos comportements, pour acquérir des réactions appropriées.

S'isoler de l'environnement

Avant d'entreprendre une expérience, programmez-vous pour revenir à la conscience habituelle, si le besoin s'en fait sentir. Débranchez votre téléphone en ne laissant que le répondeur, sauf si ce dernier est trop bruyant.

Évitez la proximité des chats. De tous les animaux, ils sont les plus familiers du monde astral. Ils pourraient avoir le désir de vous soutenir et risqueraient de vous perturber en s'allongeant sur vous. Si vous en possédez un, laissez-le donc dans une autre pièce. Toutefois, si vous souhaitez protéger votre maison d'une visite plus ou moins désirable, le chat est idéal. Il préserve votre environnement de l'influence astrale. Fiez-vous à lui pour défendre son territoire.

Évitez surtout la proximité des chiens, qui ont tendance à gémir en présence de phénomènes psy. S'ils vous trouvent plongé dans une sorte de tétanie, ils seront tentés de venir vous lécher ou d'aboyer pour vous ramener au présent.

En revanche, vous pouvez garder dans la même pièce oiseaux, poissons, tortues ou hamsters, s'ils ne sont pas trop agités.

Tirez les rideaux, mais préférez la pénombre à l'obscurité totale, surtout lors de vos premières tentatives : il faut du temps et de l'entraînement pour voir la nuit, en corps physique comme en corps éthérique. Par la suite, vous y parviendrez aussi bien dans la journée que la nuit (le corps astral se déplace de manière autonome, indépendamment de l'environnement).

La présence d'un autre humain n'est pas gênante, pourvu que la personne en question soit favorable à vos expériences. Une personne hostile émet au contraire des pensées et a des mouvements plus ou moins involontaires susceptibles d'empêcher votre sortie. Il est courant de ne pas aimer ce que l'on ne connaît pas, ou ce que l'on ne contrôle pas. La présence d'un ami bienveillant est un atout.

Veillez à ce qu'il fasse assez chaud et couvrez-vous légèrement. Vous pouvez tenter l'expérience le matin, si vous vous réveillez sans sonnerie. Avant d'ouvrir les yeux, restez dans un état intermédiaire, entre sommeil et éveil, alors que les sensations affleurent à la conscience.

L'après-midi aussi est une période favorable, si vous êtes physiquement fatigué. Mais le moment le plus propice est le soir. Apprenez à dissocier le conscient et l'inconscient, le physique et l'esprit. Votre conscience doit rester vigilante pendant que votre corps s'endort. Apprenez à ne pas sombrer dans le sommeil.

Créez un environnement confortable, placez-vous dans de bonnes dispositions d'esprit et de bien-être.

Un petit enfant qui dort près de vous n'est pas a priori défavorable. Par sa respiration paisible, il aidera la sortie comme le retour. S'il est éveillé, profitez-en pour apprendre à communiquer avec lui en silence, par la respiration, le magnétisme, le rayonnement.

Une femme enceinte peut vivre ces expériences au moins jusqu'au sixième mois et dialoguer avec l'être familier qui se trouve en elle. La circulation d'énergie, le contact intime avec l'inconscient favorisent la communication avec le fœtus, qui vit dans cette réalité élargie, assimilant le monde complexe de l'incarnation ; dialoguez à l'aide de mots, de sensations physiques, mais aussi grâce au corps spirituel. Le père, pour faciliter l'échange, posera quant à lui la main sur le ventre de sa femme, en demandant à l'enfant, par la voix et la pensée, de se manifester. N'est-il pas merveilleux de sentir la différence entre soi et son bébé ? Peut-être aurez-vous la chance de réveiller l'enfant intérieur, et de ranimer les possibilités restées en friches[24]...

Si vous êtes accompagné, annoncez à votre partenaire ce qui peut se produire. Vous risquez en effet de tomber en « catalepsie ». Votre corps va se raidir, sa température baisser, la couleur de votre peau pâlir ou foncer (indépendamment de sa couleur naturelle). Votre respiration sera plus lente, oppressée, comme si quelqu'un appuyait sur votre poitrine. Il peut régner dans la pièce une atmosphère lourde, bizarre, incompréhensible ; vous pourrez avoir la sensation d'affronter un monde étrange, comme le serait l'apparition d'êtres venus de l'au-delà ou l'arrivée de formes de vie extraterrestres. Conseillez à votre compagne ou à votre compagnon de pactiser avec cette

---

24. Une de mes amies a eu la vision de son bébé rayonnant dans son ventre. Il était entouré d'un halo de lumière – l'aura – et elle avait la sensation de communiquer avec lui par cette énergie colorée. Il s'agissait d'une expérience d'osmose : l'enfant semblait animé du désir de s'amuser avec l'énergie de sa mère. L'aura est le rayonnement émis par certains êtres en harmonie. Elle est représentée sous l'aspect de l'auréole ou du halo entourant les saints. Pour certains, l'aura est ce corps de lumière qui se diffuse autour du corps physique et se concentre pour devenir le corps astral. Sur le plan physique, l'aura est une concentration d'énergie qui jaillit du torse et des membres avant une transe émotionnelle. Les couleurs de l'aura sont très instables ; elles reflètent l'état interne, énergétique, et l'état de santé d'une personne.

présence inconnue, d'examiner cette force en restant « à distance ». Votre corps semblera parfois vide, exténué, le sang abandonnera vos joues. Tous ces phénomènes sont sans gravité.

Veillez à ce que votre partenaire ne vous parle pas, et surtout ne vous touche pas. Il doit rester disponible, attentif et bienveillant, et se tenir à deux ou trois mètres de vous au moins. Des odeurs désagréables et des vibrations lourdes peuvent se manifester. Par moments, il aura peut-être l'impression d'être enfermé dans une cage avec des fauves ! Qu'il n'intervienne pas, quoi qu'il advienne, et garde son sang-froid. Il peut fermer les yeux et vivre, lui aussi, une extension de conscience. Vous pourrez même partager en partie l'expérience,

Si toutefois votre partenaire est dans l'obligation de vous ramener à la conscience habituelle, qu'il prononce un seul mot, à voix très faible : « Et... », ou « Oui... ». Après quelques minutes, qu'il répète ce mot, sur un ton assez bas. Ensuite, qu'il dise : « Maintenant... ». Après une pause, qu'il ajoute : « Nous... [pause]... allons... [pause]... revenir... à la... conscience... [pause]... habituelle... ». Qu'il reprenne ensuite cette phrase, un peu plus haut, et chaque fois en parlant un peu plus fort. Douceur et lenteur sont recommandées. Plongé dans un état de conscience modifiée, le dédoubleur[25] peut se trouver « très loin ». Il a besoin de temps pour se réacclimater à la réalité tangible.

Même si la personne semble ne rien entendre, une parcelle de sa conscience capte les mots. Près d'une personne dans le coma, ou agonisante, les phrases prononcées ont aussi leur importance.

---

25. Personne qui se dédouble.

Si un incident perturbe l'expérience

En cas d'intrusion ou de bruit, que votre partenaire s'inspire du texte suivant :

« Vous pouvez revenir rapidement, en sécurité, et votre esprit inconscient continuera par la suite à tirer les enseignements de ce que vous venez de vivre... Revenez maintenant, dans le bien-être, éveillez-vous à la conscience habituelle... Ce processus se poursuivra dans les heures prochaines, jusqu'à ce que vous ayez retrouvé l'harmonie et l'équilibre intérieur... Votre esprit inconscient sait comment gérer et trier ce qui se déroule en ce moment... Revenez en toute sécurité, dans un état de bien-être... Votre esprit conscient et inconscient pourra assimiler l'expérience et en tirer des conclusions passionnantes concernant votre vie quotidienne et votre évolution... Dans un instant, vous reprendrez conscience de la pièce, du lit sur lequel vous êtes allongé... Votre corps retrouve sa température normale, les idées se remettent en place, la mémoire s'active, vous savez exactement ce qu'il est utile de savoir pour gérer la situation... Dans un instant vous allez ouvrir les yeux et vous étirer... au présent... »

Au pire, votre ami s'en tirera avec une migraine, ou une sensation de malaise ; mais la plupart du temps, il se sentira reposé.

Si le malaise persiste, qu'il se relaxe dès que possible, afin de revenir lentement à lui – un peu comme lorsque, brusquement réveillé, l'on doit s'accorder un répit pour redevenir opérationnel.

Ébauche de mémoire sensorielle

Votre cerveau et votre esprit inconscient enregistrent les événements qui se sont produits depuis votre naissance, et même avant celle-ci. Ces informations – les incidents de votre vie, ses joies, ses émotions, vos différentes façons de communiquer, de demander, de vous satisfaire – sont stockées dans votre chair. Le corps fonctionne à l'instar de l'univers, vaste mémoire en évolution et en transformation permanentes.

A vous de découvrir ces enregistrements, qui vous aideront à faciliter l'union intérieure, la réconciliation entre les diverses tendances de votre être, les différents aspects de votre personnalité. La richesse de ces enseignements demeure en partie inexploitée.

Orientez vos recherches vers les moments heureux. Il n'est pas nécessaire, à ce stade, de vous purger des mauvais souvenirs. Insistez sur les joies de l'enfance, de l'adolescence, de l'âge adulte, tout ce que vous avez pris plaisir à vivre.

Imaginez que vos membres, vos mains, vos mollets, soient non seulement doués de mémoire, mais encore de parole. Décidez de dialoguer avec votre corps. (Par ailleurs, cet exercice est souverain pour conserver ou retrouver la santé, découvrir l'origine de vos préoccupations et les résoudre...)

Si votre main droite racontait sa vie, que dirait-elle ? Développez un sentiment d'intimité avec vos doigts, votre paume, le dos de votre main, votre poignet, etc. Quelles sont les sensations enregistrées dans votre main ? Qu'est-ce qui l'a marquée ? Garde-t-elle la trace d'une sensation ancienne, la présence d'une autre main, de votre corps, des peaux que vous avez touchées ?

Pour faciliter le rayonnement de l'hémisphère droit de votre cerveau (celui des métaphores, des symboles et de l'intuition), acceptez de jouer avec ces idées. Ne vous inquiétez pas, vous retrouverez votre sens critique bien assez tôt ! L'élaboration des idées est une science délicate, et seule l'expérience permet de les vérifier et de les nuancer... Et vous pouvez pratiquer cela dans le doute, pour éclairer votre opinion. Consacrez-y au moins une demi-heure, amusez-vous !

Votre main entreprend de raconter ce qui lui est arrivé depuis ses premiers jours. Souvenez-vous de ce que vous avez tenu : tétine, hochet, cubes, craies, jouets, outils, stylos, papiers, sacs et valises, clés, parfums, produits d'entretien, clavier... Associez-leur des sensations de froid, de chaleur, etc. Des milliers d'objets sont mémorisés dans votre vie. Vous pourriez reconnaître la plupart d'entre eux les yeux fermés.

Souvenez-vous ensuite de ce que vous avez fait : ouverture d'une boîte de conserve, manipulation d'une télécommande, démontage d'un appareil, fabrication de pain ou de pâtes, jardinage, bricolage, etc. Pour vous aider, regardez autour de vous, et songez à vos tâches quotidiennes, depuis le matin jusqu'au soir, ainsi qu'aux gestes épisodiques.

Parmi les objets que vous avez touchés, lequel vous symbolise ? Si vous deviez n'en emporter que quelques-uns sur une île déserte, lesquels choisiriez-vous ? Pourquoi ?

La main est, avec les yeux et les oreilles, l'une des parties du corps les plus riches en souvenirs. Rien ne vous empêche de répéter cet exercice durant vos temps morts, dans les salles d'attente ou les transports.

Intéressez-vous ensuite à votre main gauche, qui a vécu des actions et connu des contacts différents de votre main droite. Elle a une autre approche, et, détail important, elle est reliée à l'hémisphère droit, celui de l'intuition. Laissez le « gaucher intérieur » exprimer son point de vue.

Par la suite, libérez la mémoire sensorielle des autres parties de votre corps : pieds, genoux, cuisses, ventre, poitrine, nuque, colonne vertébrale, nez, visage (en détaillant front, joues, lèvres, bouche...). Puis accédez aux organes internes ; il se peut que le foie ou l'estomac soient immédiatement accessibles, ou qu'ils requièrent un peu d'entraînement.

Laissez les sensations affluer, telles qu'elles se présentent, sans vous soucier de chronologie ou de vraisemblance. Le corps se souvient d'événements que le mental a oublié. Ne rejetez rien. Même des images fabriquées (devenues des réalités intrapsychiques) peuvent conduire à la vérité. L'esprit a besoin de se purger et traverse une période de désordre, d'anachronismes, voire de confusion.

Chaque morceau de chair est une banque de données, gorgée d'émotions et de scènes. Réveiller ses organes, c'est ouvrir la conscience. Bien des éléments nous influencent, nous perturbent et nous guident, sans que l'on s'en aperçoive. En désamorçant les bombes émotionnelles du passé, vous augmentez vos chances de quitter votre corps. Vous ne serez plus retenu par la crainte ou l'illusion.

Au fil de vos recherches, vous pouvez avoir la chance de redécouvrir par hasard une voie utilisée par nos ancêtres, et qui demeure disponible dans votre inconscient. Ils possédaient le même cerveau, les mêmes ressources, et ont évolué par empirisme.

A la recherche des sensations fœtales

Par la respiration, la relaxation, vous retrouvez à des sensations vécues depuis votre naissance, ou même auparavant. Vous avez la capacité de rappeler à la vie n'importe quel moment passé, par l'image, le son, les odeurs. L'inconscient est une mine de renseignements. En état hypnotique, vous accéderez à une mémoire inconnue. La conscience semble se scinder : une partie reste à l'intérieur du corps, une autre évolue à travers l'espace et le temps, au-delà de la réalité ordinaire. S'agit-il de souvenirs de vies antérieures ? A chacun de le vérifier, par la pratique et l'approfondissement.

Pour l'instant, contentez-vous d'explorer le monde fascinant du petit être que vous étiez. Quelque part se trouvent ses traces lumineuses, balises vers l'avenir de votre âme.

Allongez-vous, de préférence, et laissez vos souvenirs vous guider. Faites confiance à votre corps ; c'est lui, et non l'esprit conscient, qui sait où est stockée la mémoire. Il se comportera en « tête chercheuse », vers sa cible.

Laissez flotter votre attention... Remontez à vos vingt ans, en vous laissant guider par les sensations physiques que vous éprouviez à cet âge. Comment étiez-vous ? Que faisiez-vous ? Qui étaient vos amis ? Quelles activités aviez-vous ? Revoyez l'université, l'atelier, le bureau. Faites apparaître dans votre esprit les visages des copains, des copines, des commerçants, des enseignants, des collègues et des voisins...

Puis remontez à vos quinze ans. Là encore, accordez-vous quelques minutes pour déclencher l'émergence des images et des sons. Inutile de brûler les étapes, vous n'accélérerez pas le processus – sauf si, bien sûr, vous êtes projeté directement dans un passé lointain. En ce cas, remontez dans le passé en éveillant les sensations, en ouvrant les images, en précisant les couleurs et les formes. Votre œil explore l'adolescence, comme le ferait une caméra.

Lorsque vous êtes à l'aise avec vos vingt ans et vos quinze ans, passez à vos dix ans ; puis, selon la même méthode, atteignez l'âge de cinq ans, d'un an, de quelques mois, puis redevenez nourrisson dans les bras de votre père ou de votre mère... Attardez-vous à cette époque, profitez-en pour réveiller son univers de sensations. Cela facilite le développement de vos facultés extrasensorielles, car l'enfant ne dispose pour s'exprimer que de celles-ci, de la voix et des gestes.

Puis évoquez la chaleur dans le ventre maternel, les impressions de flottement, les bruits assourdis et déformés, ce monde magique où vous communiquez avec le monde extérieur sans pensées ni mots. Laissez-vous guider par le corps, flottez dans le liquide chaud, écoutez les sons déformés (comme au fond d'une piscine, quand vous entendez les voix et les cris qui ondulent vers vous).

Au début, cinq à dix minutes par période suffisent. Par la suite, vous éprouverez le besoin d'approfondir, et vous atteindrez peut-être des états passionnants : comprendre que le fœtus est relié au flot vital, sentir sa propre vie comme une plante éveillée, est une expérience bouleversante. Vous redeviendrez cet enfant à l'intelligence fine, aussi à l'aise dans le monde intérieur qu'extérieur, avec cette puissance de dépassement qui défie les siècles.

Le voyage astral plus accessible

Certaines personnes estiment que la capacité à sortir de son corps est réservée à une élite dotée de pouvoirs extraordinaires, aux initiés, aux mystiques. Y parvenir exigerait une longue ascèse, des jeûnes prolongés, des nuits de prière. A l'inverse, d'autres imaginent qu'il suffit de le décréter, ou de le mériter, pour y parvenir, et se découragent s'ils ne réussissent pas au troisième essai.

En fait, il en va des expériences liées à l'expansion de conscience comme des autres : on est plus ou moins motivé, on investit plus ou moins de temps. Les résultats dépendent de nombreux facteurs. Vous apprenez à vous relaxer, à visualiser, à percevoir vos énergies, à déplacer votre conscience. Si vous ne parvenez pas à vous relaxer, vous pourrez utiliser la méthode « tension-détente » qui consiste à tendre puis détendre successivement chaque muscle.

Vous vivrez des moments étonnants de rencontre avec vous-même. En chemin, vous pourrez découvrir que votre but a changé. Vous serez plus disponible pour ce qui se présente, moins anxieux de réussir un acte hors du commun. Vous aurez envie de développer la congruence : refléter ce que vous êtes. Vous pourrez choisir de vous accorder avec le monde, voire d'en accepter les grandes lois, dont certaines semblent injustes. Vous déciderez de maintenir une harmonie personnelle. L'évolution de votre âme ne dépend pas de l'accession à tel ou tel état de conscience, ni de la possibilité de vivre des expériences inhabituelles.

Pour acquérir un état d'esprit favorable, décidez qu'une partie de vous a très envie de réussir sa sortie du corps, pendant qu'une autre partie lâche prise, accueillant ce qui se présente, sans critique. Depuis des centaines de milliers d'années, des humains ont vécu ces phénomènes. Pourquoi pas vous ? Et même si vous ne le vivez pas, cela ne vous enlèvera rien. Mettez toutes les chances de votre côté.

Les différentes formes de sortie hors du corps

Chaque voyage astral varie en durée, en intensité, en intérêt. Selon votre avancement, vos désirs, vos pensées, et même votre humeur, vous en rapporterez un élément plus ou moins important. Reconstituer le puzzle de votre âme demande quelques efforts et implique quelques déconvenues.

Certaines expériences fascinantes se déroulent dans une pièce : par exemple, la première fois que l'on se voit de l'extérieur, assistant « en direct » à sa propre vie. Étonnante sensation ! Quelle est donc cette personne allongée ? Pourquoi paraît-elle si bizarre et si familière à la fois ? Et comment le « moi » peut-il se trouver dehors, puisque le corps est à quelques mètres ? Cette expérience éthérique se révèle très riche.

D'autres questions se bousculent : Comment suis-je sorti ? Qu'est-ce qui est sorti ? Si je suis moi, qui est l'autre ? A qui appartient la conscience : à ma présence extérieure, à elle-même, ou à cette chair, là-bas ?

Une ou deux secondes plus tard, vous réalisez ce qui se passe. Et si la sortie du corps se produit « avant l'heure », surtout restez dehors, explorez !

D'autres aventures peuvent se produire loin du corps physique, loin du corps éthérique, dans des dimensions inconnues. Vous pourrez parcourir un royaume merveilleux dont vous êtes le roi, ou aussi bien être prisonnier d'un lieu hostile, exposé à la hargne d'étrangers, et parfois défendu par d'autres étrangers.

Et pourtant, cette réalité semble évidente. Imaginez qu'une personne s'éveille à la vie à l'âge de vingt ans, songez à ce qu'elle devrait apprendre pour survivre... Il y a sans doute « davantage de choses sur terre et dans le ciel que n'en rêve la philosophie », a dit Shakespeare.

Les exercices servent d'éclairage. Vous ferez des escapades en *terra incognita* et pousserez des pointes de reconnaissance en des lieux inhabituels...

Afin d'éclaircir la compréhension, il convient de distinguer deux grands types d'expériences hors du corps : le voyage éthérique et le voyage astral. Il s'agit essentiellement d'une question d'intensité. Il est possible de passer d'un plan à un autre ; mais, en général, une sortie se déroule sur le mode éthérique (sur terre, dans la réalité ordinaire) ou sur le mode astral (ailleurs, dans une réalité que l'on connaît peu dans des états de conscience habituels).

Le corps éthérique

Le corps éthérique voyage sur cette planète en temps réel. Il est lié à l'histoire, à votre époque, à ce que vous vivez. Il se réfère aux événements naturels. Votre conscience se déplace, enregistre ce qu'elle voit, entend, perçoit. Sa perception du monde est la même que celle du corps physique ; la réalité est filtrée par les préjugés et les croyances. Vous êtes sur terre, vous voyez avec vos yeux, vous ressentez même le vent ou la température. Vous éprouvez le sentiment d'un déplacement, la pesanteur ou la légèreté. Le décor change à peine, même si les couleurs peuvent varier. (Cela est normal, nous percevons des centaines de nuances d'une même couleur, et notre acuité visuelle varie en fonction de la circulation énergétique de notre cerveau.)

Lorsque votre conscience voyage en corps éthérique, vous vous voyez, vous remarquez des humains, des animaux, des plantes, des paysages et des objets sur la terre. Vous circulez, parfois à grande vitesse, dans les rues. Les immeubles, les maisons, les paysages sont ceux que vous pourriez découvrir dans votre pays ou ailleurs. Vous vous trouvez dans des endroits connus, rencontrez des amis ou des membres de votre famille, vivants. Le monde est en trois dimensions.

Ce corps éthérique serait une émanation de la partie consciente de la conscience, quintessence de l'être physique. Il n'y a aucune différence, sur ce point, entre les hommes et les femmes, également doués pour explorer les champs de l'infini. Sur le plan astral comme sur d'autres plans, ils sont complémentaires. Les hommes développeront leur tendance à tenter, hiérarchiser, défendre, attaquer, et les femmes leur tendance à harmoniser et intégrer. Pour le plus grand bien de la communauté !

Il est parfois possible de voir le corps éthérique autour de personnes emplies d'amour. C'est le rayonnement des saints. Quand celui-ci se détache du corps physique, il conserve la conscience. Selon certains, il s'agit des infrarouges émis par l'homme et par tous les mammifères ; ces infrarouges peuvent être captés par les animaux s'orientant à l'odeur (saumon) et à la chaleur (python), ou au son (chauve-souris)[26]. Nous ne possédons certainement par la précision du python pour détecter une présence, mais chacun a fait l'expérience de capter par la nuque un regard insistant. Une partie de la conscience reste toujours en état de veille, même lorsqu'on a apparemment perdu conscience.

Le corps éthérique se rend parfois visible à distance. En général, la bilocation est fortuite. Elle n'est pas désirée par le dédoubleur ; celui qui en est témoin réunit

---

26. Anne Teyssèdre, *L'Orientation des animaux*, Nathan, 1996.

des conditions favorables, il se trouve dans un état de conscience différente, et perçoit les vibrations subtiles [27]. Certains médiums peuvent discerner une forme blanche ou transparente – un fantôme. Il s'agit d'une conscience en déplacement. Ces phénomènes ne sont pas plus extraordinaires que les ondes qui propagent sons, images, informations. Il est également possible de détecter le corps éthérique sous l'aspect d'une buée ou d'un buisson ardent, notamment aux abords de la mort [28]. Ces apparitions s'expliquent en partie par l'état de conscience des témoins, et peut-être par les conditions atmosphériques. Elles sont en rapport avec les visions de saints, d'anges, de disparus ou de la Vierge Marie, constatées sur les cinq continents.

Lorsque ce type d'expérience se produit, le corps physique se trouve presque entièrement dissocié du corps éthérique. Le corps éthérique se rend alors aussi visible qu'un arc-en-ciel par la « décomposition » de la lumière, ou encore l'air chaud planant sur les routes écrasées de chaleur.

Si le dédoubleur rayonne fortement, ou si nous sommes en grand état de réceptivité, les perceptions sont favorisées. La douleur, les derniers instants d'un proche, une situation grave, une grande fatigue, la panique ou l'extase nous dépouillent de nos habitudes de pensée. Nous nous rendons compte que l'existence est courte et fragile, que nous sommes loin d'avoir réa-

---

27. Selon les mystiques hindous et bouddhistes, ce que nous percevons du monde serait une vibration colorée, créée par Dieu. On retrouve une idée analogue dans la physique des quanta, ou chez des mystiques tel Teilhard de Chardin.

28. Voir Bernard Raquin, *Messages de l'après-vie*, L'Age du Verseau, 1991.

lisé nos buts. Nous avons laissé passer l'essentiel. Où sont passés les rêves de jeunesse ? La nostalgie provoquée par la perte du paradis originel, ou l'impression que la vraie vie se déroule sans nous, se diffusent.

Alors revient l'acuité des sensations, le sentiment d'appartenance au temps éternel, au cosmos. De nouveau on sent le désir palpiter en soi, on redevient le mouvement... Un choc remet en question, éclaire le chemin. Nous pouvons trouver la face cachée de l'épreuve, qui renouvelle et approfondit nos objectifs, et nous montrer disponibles pour expérimenter sans censure, acceptant ce qui se produit, en attendant de créer l'occasion de « reprendre le volant ».

Assis dans un salon, il semble absurde d'imaginer qu'un disparu va nous rendre visite. Mais, la nuit, après avoir épuisé les soucis de la journée, la conscience se régénère ; elle est prête à accepter des idées non conventionnelles.

Une nuit, je fus très surpris de découvrir ma compagne étendue près d'un homme ! Curieusement, je n'étais ni choqué ni révolté, mais plutôt intrigué par des questions saugrenues : comment était-il entré, et pourquoi la lumière était-elle allumée ? (En réalité, celle-ci était éteinte. Je voyais assez bien, comme dans une ambiance tamisée.) De cet homme émanait une tranquillité et une sympathie que j'aimais beaucoup. J'avais l'impression de me trouver face à un ami ; j'étais attiré par lui. Au lieu d'en être choqué, j'approuvais mon amie d'être avec cet homme.

(Lorsque l'on quitte son corps, les idées se relativisent, pour nous permettre de grandir. Nous ne sommes plus habités par les idées qui encombrent le corps physique, soumis à beaucoup d'impératifs. Dans l'au-delà, les liens entre les personnes sont plus libres que sur terre, des relations multiples coexistent sans se perturber ; par exemple, si l'on a été marié deux fois, ou si l'on a été élevé par deux mères ou deux pères...)

Je regardais cet homme. Le dessin de son visage, son nez, sa bouche, même sa respiration... Je compris enfin qu'il s'agissait de moi-même. Pourtant, je dois l'avouer, j'avais du mal à me reconnaître. Il s'agissait assurément d'un drôle de « moi ». J'étais parti en exploration. Au lieu de réintégrer mon corps directement, je faisais escale à l'extérieur, dans la chambre. Mon corps physique, ma « maison », me plaisait bien. Je le jugeai agréable à vivre. Me voir ainsi fut une expérience inoubliable, bien plus intense que lorsque je me dissociais pour me voir de l'extérieur. Je regrette de n'avoir pas eu la présence d'esprit de reculer pour en profiter plus longuement. Je fus happé par la force d'attraction de la chair, et ma conscience s'y engloutit pour se délecter d'un sommeil délicieux.

Par la suite, je ne parvins pas à réitérer l'expérience. J'ignore même ce qui l'a provoquée. Peut-être la présence de mon amie, dont le rayonnement a pu se mêler au mien et a fait écran, ce qui m'a désorienté et a permis cette halte.

La vie n'est pas enfermée dans une boîte, si riche soit-elle. Elle circule partout, librement. Cela conduit à se poser certaines questions. En fin de compte, qu'est-ce que l'identité ? Est-ce l'apparence, ou la sensation intérieure ? Que représente mon corps physique ? Il est mon véhicule, le « je » s'y identifie, mais pas la conscience. Même si je m'éloigne, je ne suis pas perdu. L'identité contient plus que cela, la spécificité de l'individu, création unique dans l'infini.

Cette nuit-là, la conscience qui revenait de voyage était moi-même, et l'homme dormant dans le lit était aussi moi-même. Je n'y percevais nulle contradiction. J'étais juste à l'extérieur comme à l'intérieur du corps physique.

Quant à savoir ce qui subsistait de ma conscience dans le corps endormi, il semble évident que sa capacité de protection était intacte. Je me serais réveillé instantanément en cas d'incendie ou de bruit violent.

Concernant le « je », chacun est habitué à exprimer différentes facettes de soi-même : « Je mange trop, je voudrais m'arrêter, je ne m'en sens pas capable, j'ai envie d'être mince et j'ai envie de manger ce qui me plaît. »

Sortie du corps et spiritualité

Les religions se montrent parfois circonspectes à l'égard des expériences de décorporation. Elles redoutent que celles-ci n'entraînent les fidèles dans des voies sans issue. Lorsque l'on est émerveillé par des perspectives exaltantes, soulevé d'allégresse, enthousiasmé par la découverte d'aspects insoupçonnés de soi-même, le risque existe de trouver le quotidien fade et sans attrait. Certaines personnes, prenant prétexte de leur désir de se préparer à l'au-delà, en profitent pour négliger leur vie. Se réfugier dans un « ailleurs » est aussi limitatif que de ne prendre en considération que le monde matériel. C'est perdre une dimension essentielle, celle de l'incarnation. La présence sur terre est une étape indispensable de l'évolution de l'âme. La vie matérielle, avec ses besoins contradictoires, ses conflits, ses opportunités, contient des trésors de conscience. Et la sortie du corps est plus profonde si elle est « banalisée ». Ainsi, les dimensions physiques et spirituelles peuvent s'harmoniser.

Si le voyage astral est fréquemment associé à l'expérience mystique, cela ne signifie pas pour autant que les dédoubleurs soient des mystiques. Des saints ont vécu des moments de bilocation. Ils se trouvaient à deux endroits à la fois, comme on le prête à saint François d'Assise ou au Padre Pio. Mère Yvonne-Aimée de Malestroit fut croisée dans le métro parisien par un prêtre, alors qu'elle se trouvait prisonnière de la Gestapo. Mais un tel phénomène, rassurons-nous, ne transforme pas automatiquement en saint celui qui s'y trouve soumis ! Le sensationnalisme nuit plutôt aux recherches...

Si Mère Yvonne-Aimée a pu secourir des marins en perdition, tout en se trouvant à terre, en compagnie de religieux, doit-on penser qu'il s'agit d'un mirage, ce phénomène optique qui projette des images à distance ? En fait, pendant qu'elle était concentrée en prière, son corps astral se déplaça et se rendit visible aux marins, qui attestèrent qu'une religieuse leur avait tenu compagnie pour les guider.

Les physiciens [29] démontreront peut-être le fonctionnement des perceptions mystiques. Il serait permis à la conscience de pénétrer par des trous infimes, qui se créent et se referment en quelques nanosecondes dans la structure de la matière, et de remonter ainsi dans le temps. Cette hypothèse expliquerait aussi que l'on puisse explorer les annales akashiques [30].

---

29. Voir Olivier Costa de Beauregard, Michel Cazenave, Émile Noël, *La Physique moderne et les pouvoirs de l'esprit*, Le Hameau, France Culture, 1988.

30. Akasha est la bibliothèque et le royaume invisible où sont archivées les vies passées.

Le sens des expériences humaines est en partie déterminé par les croyances. Si une personne pratique la sortie du corps pour acquérir du pouvoir, il sera logique qu'elle connaisse les difficultés qui ont font partie : mégalomanie, mensonge, trahison, déception... et malgré tout quelques satisfactions. En revanche, une personne souhaitant mieux se connaître ou aider son prochain, verra grandir sa capacité d'amour. La prudence impose toujours de tenir compte de l'écologie[31], des retombées à long terme. L'équilibre d'un système repose sur de nombreux facteurs. Lors d'expériences astrales, il est conseillé de les intégrer aux valeurs que vous défendez, plutôt que de les rejeter en bloc.

S'il arrive que des dédoubleurs soient vus (apparitions, visites en rêve) ou ressentis (présence ou déplacement de quelqu'un dans une pièce apparemment vide), nous connaissons trop peu la structure de la conscience, par rapport à celle de la matière. Même s'il s'agit d'hallucinations qui se produisent depuis des millénaires, nous en ignorons le mécanisme, intégré dans l'exploration de la conscience. Et l'illusion, la *maya*[32], est de plus en plus considérée comme l'expression de la faculté holographique du cerveau, lequel, à partir d'une image plate, peut restituer les trois dimensions.

---

31. Dans le champ psychologique, le mot « écologie » signifie qu'il faut tenir compte, lors d'une intervention, des modifications qu'elle entraînera dans les relations et les objectifs de la personne, pour que le système dans lequel celle-ci évolue n'implose pas et garde sa cohérence.

32. Concept hindou selon lequel la réalité n'est qu'une apparence. On peut, par la méditation, le détachement, atteindre l'essence de la vie, se libérer du désir et de la peur, et atteindre le *nirvana*, état dans lequel les souffrances disparaissent.

Les personnes intuitives captent et parfois décodent des messages émis en ultra-ondes, situés en principe en dessous du seuil de perception. Leur cerveau émet peut-être des ondes particulières, il se synchronise avec l'environnement. Cependant, une question demeure : quelle est la nature de la conscience, capable de se manifester avec force ? On le comprendra mieux lorsque les recherches sur l'énergie, l'émotion et la télépathie auront progressé de manière significative.

Les personnes les plus sensibles et les plus attentives ont davantage de chances de percevoir les phénomènes aux frontières de la conscience. Par exemple, si vous vous intéressez à vos rêves, les notez, en discutez, les interprétez, les occasions de recevoir des informations et des visites sont d'autant plus grandes. Autre exemple : les personnes en train de mourir utiliseront vos rêves comme messagers, et vous deviendrez le canal[33] chargé de transmettre un adieu aux vivants. Le corps astral de l'humain sur le départ viendra amicalement se poser en vous, comme un hommage et un privilège.

Le beau-père d'une amie se trouvait à l'hôpital, victime d'un cancer. Agé de soixante-dix ans, Juif athée, il était hostile à toute religion. Elle-même pratiquait et suivait les rites juifs. Ils ne s'entendaient guère, notamment pour cette raison.

Une nuit, son beau-père vint la visiter en rêve. Il était habillé de blanc, rajeuni d'au moins trente ans, le visage serein et radieux. Des jeunes gens joyeux l'entouraient.

---

33. Être qui sert d'intermédiaire, de médium, entre les plans humain et divin. Le canal n'intervient pas dans ce qu'il transmet, il se considère comme un « outil » au service des forces invisibles.

Ils se préparaient à partir en voyage. Sa jeunesse et son expression heureuse la surprirent un peu. Il rayonnait de paix, sans aucune tension.

Le lendemain, mon amie raconta ce rêve à son mari. « Il est venu nous dire adieu, répondit-il sobrement. Il va mourir aujourd'hui même. » Il décéda en effet dans les heures suivantes.

Plusieurs hypothèses sont possibles : l'inconscient de la jeune femme avait assemblé des informations subconscientes[34] et avait fourni à son esprit une représentation, sous la forme d'une scène d'adieu. En admettant cette hypothèse, on estime que notre inconscient est capable de prévoir l'heure de la mort d'un proche.

On peut aussi avancer que le beau-père, découvrant en mourant qu'une partie de sa conscience restait vivante, avait choisi sa belle-fille, sachant qu'elle serait réceptive ; elle comprendrait sans censurer. Ou encore, pendant qu'il se sentait mourir, avait-il concentré sa volonté pour penser à elle, et lui envoyer un message de paix.

Toutes les hypothèses plaident en faveur de la possibilité de communiquer à distance ou d'accéder à des informations invisibles.

A mes yeux, le fait que cet homme se présente sous un aspect plus juvénile, entouré de jeunes qui l'accueillaient et l'attendaient, prêt à entreprendre un

34. Le subconscient est ce qui est en train de devenir conscient. De nos jours, ce mot a été popularisé par Murphy dans le même sens qu'inconscient, tel que défini par Erickson. Le subconscient contient nos préoccupations et nos richesses secrètes, qui s'épanouissent lorsqu'on les sollicite.

voyage, indique que la corde d'argent[35] était en train de se casser. Comme il vivait sa mort sainement, ses anciens griefs et malentendus étaient abolis, ce qui facilitait l'échange avec sa belle-fille. Si vous êtes amené à vivre un tel moment, ayez la présence d'esprit d'accueillir ce signe qui unit les êtres, au-delà de toutes les apparences.

Dialogue avec l'invisible

Dans certains états de conscience, il est possible de distinguer les êtres hors de leur corps – même si, de nos jours, ce phénomène paraît encore extraordinaire. Il n'est pas question d'occuper ses journées et ses nuits à chercher des fantômes. Il semble plus logique de dialoguer avec une personne récemment disparue qu'avec une personne décédée depuis vingt ans : les ondes magnétiques, ou les ondes émotionnelles, n'ont plus la même vigueur, et les disparus changent d'aspirations avec leur évolution. Ils souhaitent, en général, retrouver le divin en eux, plutôt qu'exprimer les facettes de leur personnalité. A la longue, nous rendre visite sur le plan terrestre leur paraîtrait aussi étrange que rendre visite à l'enfant que nous étions en classe de maternelle. Chaque étape spirituelle contient ses nécessités et ses perspectives.

Si la bilocation est assez rare, la sensation d'une présence à côté de soi est plus fréquente. La personne dont vous êtes proche peut vous sentir à distance. En aiguisant votre attention, vous pouvez identifier les senti-

35. Cordon invisible qui relie le corps astral et le corps physique, et permet de toujours réintégrer celui-ci. Cette corde se brise lors de la mort (voir page 207).

ments qu'une personne vous porte. Et vous avez sans doute remarqué qu'après avoir pensé à quelqu'un, vous avez eu des nouvelles de lui dans les jours suivants. Le langage courant reflète ce mécanisme. Ne dit-on pas, par exemple : « Pense à moi pendant que tu seras en voyage », ou : « quand je passerai mon examen », ou encore : « Je penserai à toi pendant ton opération » ou « ton entretien » ? Chacun garde en mémoire sa capacité d'aider autrui en se « branchant ».

Pour le dédoubleur, la situation se révèle frustrante. Il fait des efforts immenses pour communiquer, et y parvient quelquefois, menant des conversations de plusieurs minutes. Et pourtant, la personne avec qui il a parlé, souvent, ne remarque rien, la communication passant directement de conscience à conscience. On retrouve ce phénomène lors des expériences de mort imminente.

Le mourant, ignorant parfois sa condition, se démène pour rassurer son entourage, lui faire signe. En vain. Les proches et les soignants, imprégnés de douleur ou préoccupés par leur mission, ne captent pas ces signaux. Le mourant se demande pourquoi des gens en blanc s'affairent autour de ce corps physique, sans le remarquer. Plusieurs minutes s'écoulent avant qu'il ne réalise qu'il a passé la frontière et que ce corps que l'on soigne, c'est le sien.

C'est dans ces circonstances que l'aura est parfois visible, comme en a témoigné l'infirmière de Carl Gustav Jung. Heureusement, on peut apprendre à percevoir celle-ci dans une situation plus confortable.

Exercice de perception de l'aura

Allongé ou assis, relaxez-vous. Sentez le lit ou le fauteuil, soyez attentif au bruit de votre respiration, restez calme. Imaginez que vous êtes entouré d'un œuf de lumière, d'une couleur agréable et apaisante – n'importe quelle couleur, hormis le rouge et le noir, dont les vibrations sont trop dures. Préférez les pastels. Visualisez l'eau d'une piscine, teintée par exemple en bleu, en vert, en doré, en blanc. Faites ruisseler cette eau vive autour de votre corps, sur votre peau, puis autour, comme un œuf protecteur, un halo au rayonnement paisible. Le but est de vous sentir à l'aise, dans un monde agréable. Ce halo agira comme l'atmosphère autour de la Terre, tel un filtre dissolvant les agressions, sans vous isoler. N'oubliez pas de déborder au-delà des pieds, des épaules, de la tête.

Cette technique est très utile dans la vie courante. Elle permet de se détendre facilement. Quand quelque chose vous perturbe, plongez dans votre œuf de lumière, votre cocon, votre halo protecteur, sans rien perdre de votre vigilance.

Variante : visualisez un grand cylindre ou une pyramide. Votre corps physique se trouve à l'intérieur, baigné d'une lumière jaune, agréable. Dans un premier temps, ce halo est fermé, pour assurer votre sécurité. Par la suite, laissez une ouverture en haut, pour faciliter l'entrée de l'énergie cosmique, puis vers le bas, pour les forces telluriques.

Pour distinguer le corps éthérique

Exercice préparatoire : demandez à un partenaire de se placer face à vous, à contre-jour, devant la fenêtre ou devant une bougie. Évitez les lumières trop vives et le grand soleil. Vous pouvez utiliser une lumière bleue, que vous placerez derrière lui. A distance de deux ou trois mètres, regardez-le, comme si vous vouliez voir à travers lui. Le point de focalisation de vos yeux ne doit pas s'arrêter à son visage, mais à cinquante centimètres derrière lui. Évitez la fixité, laissez votre regard devenir panoramique, ou flotter dans le vague. Sentez votre regard qui se défocalise et entre en vision périphérique[36].

Regardez près de ses épaules et de sa tête, toujours en cherchant à voir au-delà. Peu à peu, vous pourrez distinguer une zone de chaleur, de rayonnement, un peu gris ou opaque.

Chaque fois que vous en aurez l'occasion, dans les salles d'attente, dans les transports, entraînez-vous. Vous aurez peut-être la chance de distinguer les couleurs, très fluides et changeantes.

Le corps astral est celui qui voyage dans les autres réalités, dans l'au-delà, dans le passé. Il évolue dans un temps atemporel, éternel. Il serait une émanation de la mémoire de l'univers. Il constitue une voie d'accès à nos réserves de facultés, de dons et d'expériences.

Les écrits de Giordano Bruno[37], philosophe du XVIe siècle, emprisonné et brûlé vif par l'Inquisition, nous apprennent qu'il parvenait à s'échapper en esprit pour visiter les étoiles. Il put ainsi s'assurer du bien-fondé de la théorie de Copernic sur le système solaire. Il avait constaté que l'univers était infini. Bruno se vantait d'être plus libre que son geôlier, qui passait sa vie entre quatre

36. On regarde habituellement de deux façons : focalisée, le regard concentré, pour lire, calculer ou mener à bien un travail minutieux ; en vision périphérique lorsqu'on contemple un paysage.

37. Jean Rocchi, *Giordono Bruno, l'errance et l'hérésie*, Éditions François Bourin, 1989.

murs, alors que lui avait accès à des mondes insoupçonnés. « Lorsqu'on aura compris, disait-il, que le globe dans lequel nous nous trouvons, sans être fixé à aucun firmament, sans être poussé de l'extérieur, se meut selon son âme et sa nature propre, et tourne autour du Soleil et autour de son propre centre, alors s'ouvrira la porte de l'intelligence des vrais principes des choses naturelles, et, à grands pas, nous pourrons avancer sur le chemin de la vérité. »

Et il ajoutait, à propos de ces mondes inconnus : « Si ce n'est pas comme celui-ci ou même mieux, ce n'est pas moins et ce n'est pas pire. Il est impossible, en effet, pour un esprit rationnel et quelque peu éveillé, de concevoir que tant de mondes soient privés d'habitants semblables ou meilleurs. »

Non seulement il libérait l'espace et offrait à l'homme l'infini, mais il évoquait la possibilité d'une vie extraterrestre. En le torturant, l'Inquisition rendit, à sa façon, hommage à ce visionnaire ; les religieux de l'époque savaient qu'il avait raison, mais ils préféraient dissimuler la connaissance au peuple.

Les différentes intensités de la conscience

De nos jours encore, la connaissance est très éparse. Les recherches dans ce domaine se font d'une manière empirique, dans un climat d'indifférence ou d'hostilité. En dehors d'applications militaires, l'État rechigne à investir, car les technostructures sont formées aux chiffres et à la pensée mécaniste, et privilégient le concret. Soviétiques et Américains ont dépensé des milliards pour espionner autrui[38], notamment à travers des murs de béton, dans un sous-marin, ou pour influencer des personnalités à distance. Le véritable essor viendra quand les humains auront dépassé les limites de la pollution, de la destruction de la faune. Il deviendra indispensable de repenser le mode de vie et de préserver la nature.

Réalité très ancienne, concept moderne

De tous temps, certaines personnes un peu en marge, plus éthérées ou passionnées que la moyenne des individus, ont bénéficié d'atouts indispensables pour la médiation entre les mondes : faculté d'amadouer les esprits, d'influencer les éléments naturels, de pactiser avec les forces invisibles, de deviner l'avenir, de dialoguer avec les dieux, de communiquer avec les disparus, de comprendre les animaux, de guérir et de protéger...

Le prêtre ou le sorcier, sorte de diplomate entre deux pays, occupe une fonction centrale. Rois et mendiants sollicitent ses avis pour interpréter la course des étoiles, les caprices du destin, les menaces et les promesses du futur. Les prêtres se révèlent aussi indispensables quand le monde est devenu trop confus, et que l'on souffre de trop d'injustices, de trahisons, de deuils, d'abandons, ou lorsque les écueils de la condition humaine menacent l'équilibre.

De nos jours, malgré une relative et provisoire perte d'influence des prêtres, le besoin de spiritualité n'a pas disparu. Ce besoin suscite de nouvelles recherches, sur tous les plans traditionnellement occupés par la religion.

---

38. Voir J.-M. Schiff, *L'Age cosmique aux États-Unis*, préface de Jean Charon, Albin Michel, 1981, et Norma Bowles et Fran Hynds, *La Recherche psi*, La Table Ronde, 1984.

A terme, le partage des connaissances autorisera peut-être un affinement des religions. On ne peut s'adresser à des personnes expérimentées comme on s'adressait à des villageois il y a mille ans.

Une des qualités occidentales est le pragmatisme. Nous aimons essayer, tester, vérifier. Des milliers de personnes pratiquent des exercices, et leur travail ne sera pas sans conséquence sur l'évolution du monde.

En 1978, le docteur Robert Morris et Scott Rogo, de la Fondation pour la recherche psychique de Caroline du Nord[39], tentèrent une expérience particulière. Ils placèrent chacun dans une cage une gerbille (rongeur), un hamster, un serpent et un chat. Ils observèrent leur comportement, dans des conditions normales d'emprisonnement. Puis le médium Keith Harary fut invité à se mettre en condition dans une autre pièce ; il sortit de son corps et alla visiter les cages.

La gerbille et le hamster ne changèrent pas de comportement, mais les deux chercheurs constatèrent que le serpent se mit en position d'attaque, durant vingt secondes, à l'instant où le dédoubleur affirma s'être trouvé en sa compagnie dans la cage, en corps éthérique. Le chat, quant à lui, s'apaisa, cessa de tourner dans sa cage et sembla attentif à quelque chose, ou à quelqu'un...

L'expérience fut répétée plusieurs fois, avec les mêmes résultats. Que se passait-il au moment où ces deux animaux réagissaient ? Possèdent-ils vraiment un instinct différent des autres, qui explique qu'ils soient devenus, au cours des siècles, des héros de légende, des

39. *The ESP Workbook*, *op. cit.*

divinités, et qu'ils peuplent les contes ? Nos ancêtres avaient-ils une connaissance authentique de la communication avec certains animaux, que nous avons perdue ? Suite aux nombreuses guerres, aux invasions et à la répression, il n'est pas exclu que l'essentiel du savoir, transmis oralement de maître à élève, ait été oublié.

Quoi qu'il en soit, le hamster et la gerbille, eux, n'ont pas réagi. Indifférents à une présence astrale, sont-ils insensibles aux vibrations élevées, et doivent-ils être considérés comme moins évolués dans l'ordre du vivant ?

Certains serpents sont dotés de fossettes thermosensibles, qui leur permettent de détecter les infrarouges. Ils perçoivent une variation de température de l'ordre de trois millièmes de degré. De son côté, le chat est sensible, comme beaucoup d'animaux, aux infrasons. Et ce félin possède en plus des oreilles orientables, sans oublier son instinct de chasseur...

Différents paliers vers la réussite

Entraînez-vous aux exercices suivants, dans l'ordre qui vous est le plus agréable.

• Diverses formes de relaxation et d'auto-hypnose permettent de relaxer le corps, et vous apprendront à dissocier celui-ci de l'esprit. Votre conscience ne se confondra plus avec la chair.

• Divers exercices de respiration facilitent le changement d'hémisphère directeur. Vous accentuerez ce phénomène naturel d'alternance des hémisphères du cerveau. Respectez et utilisez vos deux hémisphères, accordez-leur chaque jour leur place : c'est un gage de santé.

• Percevez votre double, en vous regardant dans un miroir, d'abord réel, puis imaginaire. Votre cerveau enregistrera des sensations et recréera des hologrammes. L'objectif est de libérer votre esprit.

• Entraînez-vous à voir l'aura des autres. Vous pourrez bientôt capter leur état émotionnel, et par la suite leur état de santé. Vous « devinerez » mieux l'humeur de vos proches. Utilisez votre corps comme antenne de réception.

• Découvrez des sensations nouvelles et subtiles, des courants d'énergie qui circulent dans la chair. Que vous ressentiez les méridiens[40] détectés par les Chinois, les *chakras*[41] décrits par les Indiens, ou les flots d'énergie distingués par les Européens, faites confiance à vos sensations. Laissez-vous guider par votre instinct.

• Augmentez votre capacité à déplacer volontairement ces courants, à les orienter, à les concentrer, à les étendre au-delà du corps. Vous vous amuserez à les faire tourner dans un sens ou dans l'autre, à les faire monter et descendre, pour noter les différences.

• Entraînez-vous à visualiser, puis à faire sortir l'énergie de votre corps ; elle devient comme un faisceau ou un rayon laser que vous envoyez sur une cible choisie.

---

40. Courants d'énergie circulant à l'intérieur du corps. En piquant certains points du corps avec des aiguilles d'acupuncture, on agit sur l'organe qui en est le maître et l'on rétablit l'équilibre le long de la zone traversée par ce méridien.

41. Ce mot hindi désigne les centres d'énergie, au nombre de sept d'après la tradition, représentés sous l'aspect de lotus, situés sur la fontanelle, le front (*ajna*, le troisième œil), la gorge, le cœur, le plexus, le ventre, et sous le sexe. Deux autres *chakras* se situent dans le creux de la nuque et en bas de la colonne vertébrale.

Comme votre conscience, votre énergie deviendra dissociable. Elle ne sera plus confondue avec votre identité. Vous pourrez vous en détacher, l'observer, constater ce qui ne va pas et ce qu'il convient de faire pour y remédier. Cela permettra au mental de l'influencer, pour vous guérir ou préserver votre santé, par exemple.

• Entraînez-vous à déplacer votre conscience à l'intérieur de votre corps. C'est assez facile au début, puisqu'il suffit de penser à une partie du corps pour en avoir conscience. Ensuite, vous ressentirez cette masse subtile bougeant dans le corps, lentement, ou à grande vitesse. Vous parviendrez à « avoir conscience de votre conscience ». Vous parviendrez à une antique sagesse, et vous pourrez dire : « Je ne pense pas, et je suis quand même. »

• Entraînez-vous à déplacer des sensations vers l'extérieur, en chargeant la conscience extérieure des perceptions de votre corps. Laissez votre ouïe, votre vue, vos émotions, etc., se déplacer vers l'extérieur, en les éloignant progressivement de votre corps. Placez votre conscience dans un coin de la pièce. C'est depuis elle que vous allez ressentir, voir, entendre. Ces exercices développent aussi l'intuition.

• Dissociez la conscience interne et la conscience externe ; faites jaillir la conscience interne hors du corps, poussez-la vers la conscience externe, pour percevoir depuis l'extérieur du corps physique. Ce point est important. Le cerveau voit et entend ce qu'il s'attend à voir et entendre. Il est essentiel d'ôter les anciens filtres pour élargir ses croyances et atteindre un nouveau paradigme. Dès que votre cerveau aura assimilé quelques expériences captivantes, il sera enclin à les rechercher. Programmez votre inconscient dans ce sens.

• Transférez des désirs vers ce double. Chargez-le, donnez-lui vie, qu'il devienne un *tulpa*[42], une représentation de vous-même. Une partie de votre être explore le monde extérieur. Cette souplesse vous protège mieux que n'importe quelle armure. Vous n'êtes pas un château fort, mais une force mobile, s'adaptant à l'environnement pour le maîtriser.

• Programmez vos rêves et votre inconscient. Cela incite le processus à se poursuivre, que vous y pensiez ou non.

Perception du corps

Restez dans la position où vous êtes, en train de lire ce livre. Ne le posez pas. Gardez les yeux ouverts.

En ce moment précis, quelles parties de votre corps sont les plus sensibles ? Vos pieds ? Vos mains qui tiennent ce livre ? Vos doigts ? Votre ventre ? Votre visage ?

Prenez quelques minutes pour laisser grandir les sensations les plus présentes. Portez votre attention sur certains endroits : derrière vos oreilles, que ressentez-vous ? Au sommet du crâne ? Derrière les genoux ?

Concentrez-vous sur différentes parties du corps, notamment celles que vous n'avez pas l'habitude de ressentir.

Extension des sens

Imaginez que vous voyez non avec vos yeux, mais avec votre nuque, aussi bien devant votre corps que derrière.

42. Pour les Tibétains, entité créée par l'esprit humain.

Si vous voyez avec vos oreilles, que voyez-vous ? Si vous entendez avec votre front, qu'entendez-vous ? Si vos oreilles deviennent des centres de perception, que ressentez-vous ?

Amusez-vous à entendre avec les pieds, avec les mains, puis avec chaque partie de votre corps, puis à ressentir avec chacune d'elles.

Cet exercice très relaxant est plus facile qu'il n'y paraît, si vous acceptez de vivre l'expérience.

Recommencez dans les jours qui viennent jusqu'à obtenir une bonne maîtrise. N'hésitez pas à revenir au point de départ, à réviser.

Déplacement des sens

Maintenant, familiarisez-vous avec l'idée que vos sens peuvent percevoir depuis l'extérieur du corps. Prenez votre temps pour cet exercice qui, lui aussi, a des répercussions bénéfiques sur votre intuition et sur votre santé.

Imaginez que votre oreille se trouve près de la fenêtre. Qu'entend-elle ? Déplacez l'ouïe près de la porte. Qu'entendez-vous ?

Vos yeux regardent depuis le plafond, que voyez-vous ?

Vos sensations s'éloignent et vous caressez, à distance, la moquette, une plante, des livres. Prenez le temps de laisser la sensation se développer.

Consacrez quelques minutes, plusieurs fois par semaine, à ces exercices. Vous serez surpris de constater que vos sens ne sont pas enfermés dans votre corps physique. Le champ de perception d'un être humain est immense. Il est probable qu'avec de l'entraînement, nous pourrions entendre comme le chien (ou le canard, capable de détecter une cascade à plusieurs kilomètres), voir comme l'aigle, ou nous orienter comme la chauve-souris.

Rêves éveillés et rêves lucides

Pour développer votre intuition et habituer votre conscience à naviguer, « branchez-vous » sur les personnes que vous rencontrez. Au lieu de vous fier à leur apparence, captez leur état émotionnel. Soyez prudent dans vos interprétations.

Pratiquez le rêve éveillé. Cette méthode consiste à vous détendre et, les yeux fermés de préférence, à laisser votre esprit vagabonder. L'idée est de vous détendre pour déclencher les processus naturels du rêve.

Au début, le rêve sera libre, sans thème particulier. Transformez vos sensations en pensées, puis en images, et ralentissez le rythme de défilement de celles-ci. Explorez les univers oniriques et développez en vous la part de lumière.

Avec de l'entraînement, vous ferez des rêves éveillés dirigés, en les programmant, en vous donnant un thème : par exemple, découvrir un symbole personnel, la source d'une richesse, un nouvel ami de bon conseil, ou tester des réactions et des comportements que vous souhaitez privilégier avec telle ou telle personne.

« Au début, confie Martine, assistante de production de quarante ans, je pratiquais le rêve éveillé dirigé pour régler certains problèmes courants. Mon cerveau essayait diverses solutions, explorait en imagination des idées auxquelles mon esprit rationnel n'avait pas accès. J'acceptais toutes les images agréables, même si elles me paraissaient bizarres. Je rejetais les images toxiques en les recouvrant, sur le mode ludique, par des images amusantes. Il m'est arrivé, à deux ou trois reprises, d'organiser de vrais combats entre plusieurs sources de mon imaginaire. Comme n'importe quel metteur en scène, je faisais gagner le camp des "bons" !

« Cette technique développait ma créativité, indispensable dans mon travail. Je fabriquais des possibilités, un scénario loin de la routine. C'était très intéressant et surprenant. En plus, bénéfice non négligeable, cela me calmait.

« Par la suite, je me suis rendu compte que je pénétrais vraiment dans un rêve ; à force de pratiquer, je déclenchais le même processus que durant la nuit. Mon cerveau émettait peut-être des ondes alpha [43]. Les frontières entre ces différents états de conscience étaient abolies, ma conscience voyageait de l'éveil au sommeil, au rêve, à la transe.

« Parallèlement, mes rêves nocturnes devinrent lucides : j'avais conscience que je rêvais, et je commençais à les orienter s'ils ne me plaisaient pas. Je me disais : "Je suis en train de rêver."

« Un jour, je me fis cette réflexion au beau milieu de l'après-midi ! Je me vis allongée sur le sol. D'emblée, je fus étonnée par les couleurs, bien différentes de celles que j'avais choisies pour décorer ma chambre. Le rouge était devenu presque vert, le violet presque marron, le blanc mat brillait. Sur une reproduction d'un tableau de Van Gogh, les fleurs jaunes ressemblaient à des flaques d'eau, la surface bougeait, comme caressée par le vent. La fenêtre paraissait taillée dans du diamant

---

43. Le cerveau émet différentes ondes selon l'état de conscience. Les ondes alpha correspondent à la relaxation profonde.

resplendissant et, bien que les rideaux fussent tirés, la lumière entrait à flots.

« Le reste de la pièce se présentait comme à l'accoutumée, avec toutefois cette notable différence : les objets semblaient plus intenses, beaucoup plus familiers, vivants. Cette idée peut paraître absurde, mais j'avais l'impression que j'aurais pu dialoguer avec ma table, mes plantes, et même mon ordinateur. Je me sentais pleine d'un amour mièvre, baignant dans la sensiblerie, comme si je reconnaissais une identité commune. Nous étions de la même planète...

« Et après un laps de temps difficile à évaluer, je n'étais plus dans mon corps. J'ignore où je me trouvais, mais en tout cas, mon corps était devenu cette masse jaune et verte qui brûlait près du mur. »

Comme Martine, après les rêves éveillés, vous pourrez faire des rêves lucides : vous aurez conscience d'être en train de rêver, et ainsi déboucher sur le plan astral. Autres avantages : développer l'harmonie entre votre conscient et votre inconscient. La visualisation permet de mieux réaliser vos objectifs.

Préparation aux rêves lucides

Pendant des siècles, on ignorait où se trouvait la conscience au cours des rêves lucides. Le rêveur se sait dans un autre monde, oriente l'action, sans s'éveiller. La conscience est-elle dans l'esprit du rêveur, dans son rêve, dans son corps, ou ailleurs ?

A ces questions issues de la pensée mécaniste répondent aujourd'hui les évidences énergétiques. La conscience est protéiforme, dotée du don d'ubiquité, et se trouve à plusieurs endroits en même temps. Le rêve lucide s'avère une bonne approche pour la sortie du corps. Cela vous autorise à entrer dans votre cerveau, comprendre comment s'élaborent vos pensées et croyances, afin de les renouveler.

Certaines personnes se présentent sous un aspect inattendu. Votre mère peut être un homme, et vous avez pu changer d'âge et de sexe. Un homme peut rêver qu'il est une femme en train de se marier avec un homme, pendant que son épouse de la vie réelle est devenue le prêtre. Son père ou sa mère peuvent avoir le même âge que lui. Bien des identités ou des actions paraissent invraisemblables. Elles sont pourtant logiques, puisque l'inconscient vit dans un présent éternel. Tout se déroule en même temps. Le bébé, l'enfant et l'adolescent que vous étiez, l'adulte que vous êtes et serez, sont actuels. Dans le rêve aussi, l'énergie, manifestée par les émotions, vous attire ou vous révulse. L'émotion va catalyser le rayonnement d'une personne, que le cerveau traduira en image. Voilà pourquoi toute représentation et toute interprétation est valable. La tendance naturelle du cerveau est de reproduire ce qu'il connaît déjà. En quelque sorte, si cela lui « rappelle quelque chose », lui fait « penser à quelqu'un », il y a de bonnes chances qu'il vous présente une image symbolique à la place de la personne connue.

Certaines visions sont la projection d'événements passés ou lointains. Ainsi, ce que nous appelons fantôme, ange, entité, peut n'être qu'une forme d'énergie chargée d'émotion, qui se déplace dans l'univers.

S'il s'agit d'hallucinations collectives, force est de constater que les Zoroastriens, il y a cinq mille ans, croyaient aux anges, et que les Égyptiens, à la même époque, croyaient au corps subtil. Et pourquoi ces hallucinations existent-elles un peu partout, pourquoi traversent-elles les siècles ? Elles correspondent à une profonde réalité inconsciente : l'être humain n'est pas seul dans l'univers, et il le sait.

En choyant vos rêves, vous vous préparez à des expériences inconnues, et vous réglerez des problèmes de la vie quotidienne[44].

Pour se souvenir des rêves

Avant de vous endormir, pratiquez l'autosuggestion. Dites-vous : « Demain matin, en m'éveillant, je me souviendrai de mes rêves. D'ici quelques instants, je vais m'endormir. Mon esprit inconscient sera chargé de veiller sur mon corps. Je vais partir explorer d'autres significations de l'univers. Demain, je me souviendrai de ce que j'ai vécu, les images seront nettes... »

Répétez ce genre de phrase plusieurs fois, sur un ton aimable et persuasif. Imprégnez-en votre inconscient. La persévérance est votre alliée. Il n'y a aucune contre-indication à se souvenir des rêves. Au contraire, vos forces inconscientes sont des rivières souterraines. Plutôt que de risquer de les voir jaillir au moment inopportun, devenez sourcier et décidez de l'endroit où elles vont couler.

Valorisez vos rêves, donnez-vous des thèmes. Téléphonez à vos amis (ceux que cela intéresse, sinon ils vous fuiront !), racontez-les, demandez des interprétations, comparez avec d'anciens rêves ou avec les leurs. Consultez des personnes spécialisées (thérapeutes, psychanalystes, voyants). N'acceptez jamais une seule

---

44. Voir Patricia Garfield, *La Créativité onirique*, La Table Ronde, 1978.

explication, car les rêves se déroulent sur plusieurs niveaux. Découvrez leur sens caché, et ils se développeront. Tenez un journal de vos rêves, en donnant un titre à chacun, pour éclaircir les points communs, les évolutions, les préoccupations en germe. Il est important de les noter dès le matin, car ils se dissipent très vite. Bien souvent, en portant remède, en rêve, à ce qui vous préoccupe, vous réglerez le problème.

Les rêves ne sont pas comparables à des visions mystiques, ni à des sorties du corps, mais peuvent s'y apparenter, car le voyage astral se déroule souvent la nuit. Il s'agit d'une matérialisation du surconscient[45]. Votre conscience va puiser des informations dans un réservoir, et mettre en scène, sous forme de métaphores, les affrontements et les victoires de vos forces intérieures et extérieures.

Le rêve lucide favorise la sortie du corps ; puisque vous vous dissociez de votre conscience, vous avez conscience de votre conscience, votre identité n'est plus confondue avec le « je ».

A ce stade, une ivresse pourrait vous engloutir. Vivre une expérience singulière développe l'estime de soi. Le danger serait de vous reposer sur vos lauriers. Un peu

---

45. Mémoire des événements lointains, invisibles ou passés, et champ de forces dans lequel nous baignons, substance énergétique qui permet à l'information de circuler sans limite de temps ni d'espace. Par le surconscient, l'être humain a la capacité de recevoir des informations enregistrées par l'univers. Le surconscient est une appellation psychologique qui recouvre les notions de psychosphère, d'annales akashiques, de champs morphogénétiques. Il explique la communication à distance, la télépathie, la guérison miraculeuse. C'est le siège du « moi » profond, du sentiment d'éternité.

de vanité est parfois nécessaire pour surmonter les revers, la valeur d'un chemin spirituel réside dans ce que l'on réalise. Un sentiment de toute-puissance provisoire encourage à approcher et maîtriser des forces que l'aveuglement nous empêcherait de voir. Des occasions de dépassement se présenteront. Vous rencontrerez ce que vous redoutez, ce que vous espérez. Chaque événement vous marquera, d'une façon ou d'une autre.

Lorsque vous aurez acquis une solide expérience des rêves lucides, vous pourrez en profiter pour affronter, en vous dissociant, des aspects déplaisants, que vous transformerez. Si vous le faites pour des raisons thérapeutiques, mieux vaut vous faire accompagner par un professionnel.

La négligence dans laquelle ont été tenus les rêves explique en partie le déséquilibre de nos sociétés. Les rêves, comme la religion, sont fondés sur un besoin essentiel : la symbolisation. Il est capital pour notre santé d'abstraire, de conter, d'imaginer. Les rêves jouent ce rôle formidable d'explication et de complexification du monde. Ce dernier n'est pas prisonnier d'une seule réalité ; plusieurs réalités se superposent, alternatives, successives, parallèles, simultanées.

Ce processus est semblable au fonctionnement habituel de notre psychisme. Nous souffrons lorsque nous sommes bloqués dans une explication, captifs d'un point de vue, ou encore lorsqu'une émotion ou une croyance est pétrifiée, alors que nous vivons en interaction, en échange et en enrichissement continu. La plupart des souffrances autocréées proviennent du blocage d'un ou plusieurs rouages psychologiques. En rejoignant le flot de l'énergie, nous nous ouvrons à d'autres choix. Lorsque la sortie du corps sera reconnue comme un processus courant, elle se produira plus souvent.

Activités favorables

Certaines activités ne sollicitent guère le mental : se promener, pêcher à la ligne, repasser le linge en chantonnant, dessiner, polir un morceau de bois, regarder le soleil couchant... Allongé dans l'herbe, bercé par les chants d'oiseaux, laissez votre regard se perdre dans l'infini, faites corps avec le sol et, les yeux fermés, sentez votre conscience, chien fidèle, qui va explorer les alentours... Utilisez toute image sans limite : la mer, le sable, le cosmos, la neige ou la glace...

Pratiquez la méditation sous n'importe quelle forme. La plus simple consiste à fermer les yeux, assis dans un fauteuil, et à visualiser une couleur. Imaginez que vous êtes vert comme la plaine, puis bleu comme le ciel, puis blanc comme l'oiseau, puis que vous êtes l'oiseau dans le ciel bleu survolant la plaine verte ; ajoutez la sensation d'onduler comme le vent sur l'herbe, et entendez cette ondulation. Cette technique, faisant appel à des sensations croisées, appartient à l'hypnose ericksonnienne, dont nous reparlerons.

La méditation éveille des processus similaires à ce que l'Occident appelle la contemplation. Le Sacré Cœur de Jésus, représenté par une hostie géante, une forme ronde, facilite le vide mental. Toute forme symbolique et géométrique, telle la rosace, sert de *mandala*[46]. Il s'agit d'une forme d'oraison silencieuse. Un chrétien focalisé sur le Sacré Cœur peut fusionner avec la présence du Seigneur, et s'emplir d'allégresse ou de sérénité.

---

46. Dessin géométrique, presque toujours de différentes couleurs, chargé de sens spirituel, que l'on contemple et qui facilite l'entrée en méditation. Les bouddhistes l'utilisent fréquemment.

Que les croyants veuillent bien pardonner ces précisions techniques, destinées à approfondir et éclaircir leur foi. Le mantra agit en occupant les deux hémisphères du cerveau. Par exemple, vous faites des gestes différents avec chacune de vos mains, tout en récitant un texte. Une partie du cerveau est mobilisée pour réguler les gestes, et l'autre pour réciter. Ainsi l'esprit, peu à peu, se libère. Tous les enfants du monde inventent des rituels reposant sur une gestuelle particulière, accompagnée de paroles bien précises. Sauter à la corde en comptant, pianoter différemment de la main gauche et de la main droite en chantant, jouer de la musique favorise l'activité simultanée des deux hémisphères du cerveau.

De nombreuses incantations sont issues de ces découvertes spontanées. Il est presque impossible de résister à des heures de prière !

Pour ceux qui aiment les mantras, outre « *Om nama shivaya* » (« Gloire à Shiva[47] »), on peut aussi réciter : « *Om mani padme Om* », plus bouddhiste, en général traduit par : « Gloire au joyau dans le lotus. » Cela représente l'âme à l'intérieur de l'esprit humain. De leur côté, les musulmans utilisent « *Hua Allah Hu Allah Leïla Ha illa Hua* » (« Il n'y a pas d'autre Dieu que Dieu »).

Toute formule répétitive – canons, récitations, litanies – place l'esprit en vol libre. Vous pouvez utiliser des poésies pour vous élever (évitez Baudelaire et Verlaine, parfois tragiques). On trouve des passages sublimes dans le *Cantique des Cantiques*, dans *Osée*, ou encore

47. L'un des trois principaux dieux hindous, avec Brahma et Vishnou. Il est considéré comme le destructeur et le créateur du monde. Son énergie *(shakti)* est présentée sour l'aspect de la déesse Parvati. Shiva est notamment vénéré comme dieu de la fécondité.

dans les écrits de Khalil Gibran[48], de saint François d'Assise, d'Omar Khayyam[49], à qui l'on doit ces vers : « Aujourd'hui tu n'as pas accès à demain, et le souci que tu t'en fais n'est que chimère. Si ton cœur est sage, ne gâte pas ce souffle présent, car ce qui te reste de vie est le seul bien précieux. »

Vous pouvez utiliser simplement des sons, qui se succèdent en un ordre régulier. Vous construirez ainsi une chaîne de sonorités circulaires, processus facile à intégrer par votre cerveau, car symbole de l'énergie, des cycles, du recommencement perpétuel dont il est familier.

Ce mantra va devenir une « voix mentale ». Demandez ensuite à votre inconscient de continuer à le réciter, pendant que votre esprit conscient entre dans une sorte de rêverie, agréable et colorée. Puis laissez votre conscience quitter votre corps, chargez-la d'être vos yeux, vos perceptions, votre ouïe.

Si des émotions se présentent, laissez-les vous traverser et sortir de votre corps. La méditation ouvre parfois l'accès au « moi » profond, heureux et serein, disponible pour l'éternité.

Quand vous réfléchissez, il n'est pas nécessaire de froncer les sourcils, optez plutôt pour un sourire. En vous relaxant, ou devant la télévision, gardez la conscience vigilante, le corps détendu. Pendant que vous lisez, tapotez des mains ou des pieds. Relisez trois fois la même page en sifflant ou murmurant.

48. Khalil Gibran, *Le Prophète*.

49. Astronome et poète persan du XIIe siècle. On trouve, au rayon spiritualité des librairies, de vrais trésors, y compris en édition de poche.

N'hésitez pas à utiliser toute sensation gênante, tels que vertiges, spasmes, tétanie. L'Institut des sciences neurologiques de l'hôpital Prince de Galles, à Sydney (Australie), a évoqué une perte de conscience qui peut se produire plusieurs fois par semaine, durant plusieurs mois. Cette sensation bénigne dure d'une fraction de seconde jusqu'à deux secondes. L'étalement de ces phénomènes dans le temps va de quelques semaines à cinq ans. Souvent, cela commence d'une façon brusque, sans préambule, et s'achève sur le même mode.

Un médecin décrit ce syndrome de sensation très brève de perte de conscience. Il semblerait qu'elle ressemble à une dysrythmie soudaine du cœur, qui limite l'irrigation sanguine du cerveau. Mais après vérification du pouls, il ne semble pas y avoir d'arythmie. Une femme de trente-six ans évoque une vague la traversant. Une femme de trente-sept ans déclare avoir une sensation de mouvement dans la tête durant une fraction de seconde. Une femme de quarante ans raconte : « C'est comme si le cerveau tournait, je vais perdre conscience et me sens déportée sur le côté. » Une femme de soixante ans précise que cela s'apparente à un court-circuit dans le cerveau.

Tous ces patients rapportent que cela arrive plutôt quand ils sont relaxés, en train de lire, d'écouter de la musique, ou de regarder la télévision. Les examens sont normaux. Il semble, d'après les médecins, qu'il s'agisse d'un phénomène quasi épileptique, mais bénin.

Pour ce qui nous concerne, il est possible d'utiliser ces frontières de la conscience comme des passages vers d'autres plans. Si vous êtes sujet à ce genre de symptômes, ou à la tétanie, aux vertiges, aux étourdissements, à la spasmophilie, sachez qu'ils peuvent augmenter vos capacités. De nombreux dirigeants, parmi lesquels Hannibal, Alexandre le Grand ou Jules César, étaient épileptiques. Cela a pu ouvrir leur « vision », qualité des grands dirigeants.

Réalité, rêve et illusion

La physique quantique nous enseigne que la réalité est relative. Notre réalité n'est pas la même que celle de nos ancêtres d'il y a mille ou cent mille ans. L'être humain possède le goût de la vérité, aussi fort en lui que celui de s'illusionner. Les illusions d'hier sont les réalités d'aujourd'hui – télévision, téléphone, satellites, avions, records sportifs, mais aussi nouveaux paradigmes : révolution copernicienne, darwinisme, remise en cause des théories sur la préhistoire, sur le Big Bang...

Dans mille ou dix mille ans, il est probable que les humains auront essaimé dans d'autres galaxies. Peut-être en arriverons-nous à coloniser d'autres planètes.

Pendant un dédoublement, la pression sanguine diminue. Un témoin m'a assuré que je présentais des mouvements oculaires rapides. Les paupières battent rapidement, comme pendant les rêves, alors que défilent des scènes ou des images. Les ondes du cerveau sont peut-être proches de celles produites pendant les états de conscience modifiée. Il faudrait pouvoir mesurer les battements du cœur, les variations de température, en relevant un encéphalogramme chez de nombreuses personnes. Cependant, les réactions sont différentes d'un individu à l'autre.

Les correspondances existent entre le rêve et le voyage astral, mais ces deux phénomènes ne se confondent pas. Le corps physique n'est pas fiable, beaucoup de facteurs entrant en ligne de compte.

Quelques-uns peuvent quitter leur corps seulement pour échapper à des difficultés. Il peut s'agir d'un simple « syndrome de Peter Pan », pour éviter de grandir, fuir une dépression larvée ou « décompenser ». Toutefois, la grande majorité est intégrée « normalement ». Considérer la sortie du corps comme une maladie empêche son étude et son utilisation saine.

Des estimations et des sondages réalisés aux États-Unis[50] indiqueraient que 25 % de la population auraient connu la sortie du corps au moins une fois. 8 % des habitants auraient vécu une expérience aux frontières de la mort[51].

Cependant, qu'une expérience soit partagée par d'innombrables personnes n'en garantit pas l'authenticité. Tout au plus indique-t-elle qu'elle se déroule dans un certain cadre de santé mentale. A ce titre, attestée depuis des millénaires, elle est un des fondements des concepts de l'homme sur lui-même.

Marie-Christine, une Antillaise, m'a raconté qu'elle avait la possibilité de se rendre dans son île et de vérifier comment se portait sa famille. Doit-on parler de sortie du corps ou de sortie de conscience ? Quelle est donc, dans un tel cas, la partie de soi qui voyage dans le surconscient pour y puiser des informations à distance ?

Trois explications sont possibles :

1) *La clairvoyance.* En général, on ne voit pas aussi nettement que lorsque l'on est présent, même si c'est parfois le cas, lors d'un dédoublement. La clairvoyance est une façon de voir en se fondant non sur la vue, mais sur le surconscient.

---

50. Voir *The ESP Workbook, op. cit.*
51. Sondage Gallup, cité par Elisabeth Kübler-Ross.

2) *La télépathie.* Ce phénomène naturel permet de capter des pensées d'une autre personne : on baigne dans la même conscience que l'autre, on se sent très proche, très ouvert, les inconscients communiquent. Dans de telles conditions, on peut saisir certaines informations, les échanger à distance avec la conscience de la personne – comme dans un échange informatique de disque dur à disque dur. Cela implique le déplacement des sens, le partage des pensées des personnes impliquées.

3) *La projection astrale.* Les rêves, notamment lucides, élargissent vos perceptions de la réalité. Votre esprit inconscient va « se mettre en route » pour vous faire prendre conscience que vous rêvez pendant ces moments-là.

Il existe une correspondance entre les rêves lucides et la méditation. C'est une force que vous dirigez. La méditation, qu'elle soit vespérale ou matinale, provoque un état de transe favorisant les images mentales. Si vous avez l'occasion de méditer pendant les heures de sommeil, entre 2 heures et 3 ou 4 heures le matin, votre méditation se transformera en rêve lucide. Vous passerez insensiblement dans un autre état de conscience.

Les émotions intenses et joyeuses facilitent votre projection :

– si vous êtes amoureux ;

– si vous avez souvent rêvé de vous rendre dans une région précise et que vous y allez vraiment ;

– si vous obtenez une gratification ou une récompense longtemps attendue ;

– et, bien sûr, si vous avez un enfant et que cela vous enchante.

Les occasions de bonheur, d'allégresse, même mêlées de stress, familiarisent avec les états de conscience des rêves lucides et du dédoublement. La surexcitation est favorable. Profitez des biais que la vie vous propose !

Jacques, quarante-quatre ans, cadre à la S.N.C.F., explique : « Je me souviens, quand j'ai eu ma fille, d'un intense bonheur qui me plongea dans un état second. Dix ans plus tôt, j'avais pratiqué intensément le yoga. La méditation m'avait permis de me recentrer. J'ai commencé à pratiquer l'autosuggestion, dans le but d'améliorer certains aspects de ma vie. Je ne précisais pas davantage que cela : amélioration générale de mes capacités, résolution des conflits intérieurs, développement de ma puissance interne. Je me répétais ce genre de phrases amicales plusieurs fois dans la journée, sans en faire une obligation. Je me suggestionnais aussi beaucoup au moment de m'endormir. Comme on dit en langage commercial, je me motivais.

« Au bout de quelques semaines, j'eus la surprise de constater que mes rêves devenaient extrêmement colorés, extrêmement vifs. Je me voyais même à l'intérieur, comme s'il y avait à la fois moi-même et une autre partie de moi, ou quelqu'un d'autre qui était moi aussi. Cet autre moi me conseillait, m'orientait, me prévenait d'un éventuel danger, me faisait remarquer des trésors ou des objets cachés dont j'avais besoin. Je baignais dans l'euphorie, mon inconscient me comblait. Cet état de conscience n'a duré que quelques semaines, assez pour me donner l'envie de garder ce cap. Je survolais des montagnes, je planais au-dessus de la ville. La vie me semblait d'une drôlerie incroyable, car tout allait se résoudre dans un éclat de rire divin et un soulagement général. »

Une autre méthode consiste à considérer que vous êtes endormi... une demi-heure avant de l'être vraiment. Consacrez cette demi-heure à explorer un point astral en partie imaginaire, et qui va se perpétuer durant votre sommeil, pendant un certain temps encore imaginaire, et ensuite devenir réel. Donnez-en le modèle à votre cerveau, afin qu'il puisse faire une expérience vicariale[52]. Ces techniques de contrôle mental sont largement utilisées dans l'armée[53]; ainsi, en situation de danger, les risques de panique se trouvent réduits.

Commencez, une demi-heure avant de vous endormir, des exercices d'allègement. Votre corps devient léger, votre peau légère, votre chair légère, vous êtes extrêmement léger. Votre corps est vide, creux, vous percevez sa très faible masse. Comme vous le savez, votre corps est composé essentiellement de vide, comme l'univers entier. Aujourd'hui, si les quarks sont considérés comme le fondement ultime de la matière, plusieurs théories sont débattues parmi les physiciens. Il existe une substance, peut-être majoritaire dans l'univers, à laquelle nous ne pouvons avoir accès. Cette sensation de légèreté est donc naturelle.

---

52. Possibilité pour le cerveau de fournir au corps les indications sensorielles, comme s'il était en train de vivre la situation réellement. Il est prouvé que les ondes émises par le cerveau sont pratiquement de la même intensité, que l'on se trouve sur une plage en train de regarder un bateau au loin, au cinéma en train de voir un film montrant cette plage avec ce bateau, ou les yeux fermés en train d'imaginer la scène. Pour beaucoup de chercheurs, le cerveau ne sait pas faire la différence entre ce qui est réel et ce qui ne l'est pas. Cela explique l'impact puissant des hallucinations, qui peuvent faire survivre un homme dans des conditions extrêmes, ou le détruire s'il s'y abandonne.

53. Colonel Alexander, Major Groller, Janet Morris, *Les Secrets de préparation mentale de l'armée U.S.*, traduit par Françoise Fauchet, Éditions First, 1992.

Vous pouvez vous inspirer du texte suivant, l'enregistrer ou vous le faire lire : « Vous êtes de plus en plus léger, votre conscience est un oiseau léger, une plume, votre conscience est le vent de l'aile d'un oiseau, vous êtes un souffle frais sur la peau, qui s'élève au-dessus du corps... »

Si vous vous endormez dans cet état de conscience, vous avez de fortes chances de quitter votre corps pendant votre sommeil. Ce qui se passe en rêve prépare ce qui se passera dans la réalité diurne.

Bien entendu, les rêves de vol et d'envol favorisent vos expériences. Utilisez à votre guise les images d'avions, de ballons, de montgolfières, de planeurs, d'U.L.M., de deltaplanes, de parachutes ascensionnels, etc. Même l'ascenseur convient, surtout les superbes ascenseurs extérieurs des grandes tours.

Pendant que vous vous endormez, lors de la phase sophro-liminale (cet instant où des images oniriques se présentent devant vos yeux), entre l'éveil et l'endormissement, gardez votre conscience vigilante. Imaginez un coup de gong qui résonne dans votre corps. Utilisez ces images intenses pour déplacer votre conscience. Qu'elle jaillisse comme le geyser, bouillonne comme la source vive, monte comme la buée vers le ciel...

Faites cette expérience fréquemment. Votre esprit inconscient va accumuler l'information et découvrir d'autres centres d'intérêt. Vous pouvez, si vous avez déjà connu des expériences avec « l'invisible », les intégrer dans cette préparation. Par exemple, si un ami ou un proche disparu vous aide, si vous communiquez avec un ange protecteur, n'hésitez pas à les introduire dans votre rêve, qui se transformera alors en visualisation délibérée, puis en rêve lucide.

Placez-vous dans un état de conscience modifiée au moment de l'endormissement. Votre inconscient guidera le corps astral. Une fois programmé, il devient comme une tête chercheuse, ou un chien de chasse ; vous lui avez donné les instructions, laissez-le trouver à sa manière.

Vous risquez d'éprouver une sensation de chute. Utilisez cette « chute » pour quitter votre corps. Le cerveau fonctionne d'une manière métaphorique, d'où l'éternel succès des contes et des paraboles. Chacun est amené à interpréter le monde. Nombre d'interprétations sont partagées par l'humanité entière, d'autres par certaines parties seulement, notamment d'ordre religieux ; mais la plupart sont des interprétations individuelles. Elles relèvent de la conviction intime et vous appartiennent en propre. En nourrissant votre cerveau de métaphores, de rêves lucides, de chemins symboliques, vous préparez des expériences vicariales qui tracent la voie. Vous aplanissez les difficultés. Donnez à votre cerveau le mode d'emploi.

Une autre technique de rêve lucide consiste à décider (provisoirement) que votre corps physique est un oiseau, que votre conscience est le double de cet oiseau. Vous programmez votre rêve, avant l'endormissement, pendant l'éveil, en vous ressentant comme un oiseau courant sur la lande. Au moment d'atteindre la falaise, l'oiseau physique s'envole et plane au-dessus de la mer, tandis que l'oiseau spirituel (le corps éthérique), lui, s'envole vers le ciel.

Amusez-vous à découvrir des paysages. Ne censurez rien pendant l'expérience, vous pourrez utiliser ensuite votre esprit critique ! S'il est vrai que nous descendons des poissons et que les oiseaux descendent des dinosaures, peut-être avons-nous gardé, au fond de notre cerveau reptilien, la connaissance préhistorique du vol ? L'acharnement des humains à voler tendrait à le prouver.

(Variante : vous pouvez vous voir en poisson, explorant les mers, lançant des messages à des distances prodigieuses. L'idée que, durant une sortie du corps, on se trouve dans l'air est une convention de l'esprit. Nous n'en savons rien. Nous pouvons nous trouver, par moments, en dehors de toute atmosphère, ou dans un milieu plus dense que l'air.)

Amusez-vous à séparer les deux oiseaux, chacun dans un milieu différent, en gardant simultanément conscience des deux ; paradoxalement, vous connaîtrez un sentiment d'unité. Bien sûr, ce procédé contient une part de suggestion, mais il en va de même dans toute forme d'apprentissage ; il est indispensable que le cerveau et le corps soient imprégnés d'images, d'habitudes de pensées et de comportements, pour que nous puissions posséder un acquis, et que cet acquis puisse ensuite se dérouler inconsciemment.

Nous apprenons par imitation et compréhension (en faisant le lien entre différents domaines). Ce que nous connaissons bien devient inconscient ; nous l'accomplissons sans être obligé de mobiliser notre mental. Il est capital de dissocier votre corps physique et votre conscience. Essayez toutes les méthodes pour choisir celles qui vous réussissent, variez, et quand vous les maîtrisez bien, improvisez.

Savoir revenir

Lire, nager, conduire, danser, etc. : ce que l'on apprend devient plus ou moins facile avec le temps, selon la motivation, l'énergie consacrée, l'implication. Une des principales appréhensions est de ne pas revenir dans son corps, de rester coincé « quelque part ». Cela est impossible. Toutefois, à titre préventif, pensez à vous-même de manière inhabituelle, en voyant votre corps de l'extérieur, de façon à y rentrer facilement.

Ne négligez pas les exercices suivants ; souvent, lors de sorties spontanées, affolé ou ne comprenant pas ce qui nous arrive, nous réintégrons notre corps trop rapidement. L'expérience est frustrante. La confiance conduit à se sentir à l'aise dans toutes les situations.

Jean-Paul, jeune employé de bureau, se demandait ce qu'il adviendrait si son corps voyageait si loin dans la galaxie qu'il s'y perdait ; il deviendrait incapable de repérer le système solaire dans le ballet des étoiles. Quant à Catherine, coiffeuse d'une cinquantaine d'années, elle redoutait d'être emportée par une force, un tourbillon ou un trou noir.

Ces craintes, très naturelles, sont sans fondement. Votre corde d'argent vous reconduira au point de départ. De toute façon, les grands voyages sont réservés, par la force des choses, aux personnes expérimentées. Vous devrez souvent, malgré votre impatience, vous contenter d'explorer votre chambre ou votre immeuble, avant de songer à découvrir des mondes inconnus. Vous en retirerez de grands bénéfices psychologiques. Et si vous découvrez des mondes inconnus au détour d'une sortie du corps spontanée, réjouissez-vous de cette chance. La sortie du corps n'est qu'un élément parmi d'autres des découvertes de l'au-delà.

Retour grâce aux mains et au visage

Avant de tenter l'expérience, fixez quelques instants vos mains ou votre visage, pour bien les mémoriser. Ce sont les parties du corps les plus familières. Leur image peut réveiller le souvenir de votre corps entier, et vous faire revenir. Programmez-les pour qu'elles vous ramènent automatiquement dans le corps physique. Décidez qu'au bout d'une demi-heure vous ressentirez un « manque » ; il sera temps alors de réintégrer votre corps.

Retour grâce à la respiration

Écoutez soigneusement votre respiration, régulière, pour revenir grâce aux sons de votre corps. Votre respiration est comme un animal vivant à l'intérieur du ventre, entre le nombril et la colonne vertébrale. Les anciens Hawaiiens appelaient cet endroit « la caverne de la bête ». Grâce à des techniques respiratoires *(huna*[54]*)*, ils pouvaient entrer en contact avec leur surconscient, soigner et résoudre les souffrances psychologiques.

Votre respiration va vous servir de guide précieux. Après un changement d'état de conscience, vous serez ramené « mécaniquement » à la conscience habituelle.

Retour grâce à un proche

Pensez à une personne que vous aimez (ou à un animal). Avant de tenter l'expérience, fixez le visage d'une

54. Ensemble de méthodes de prière associées à la respiration, en hommage aux déesses de la nature. Considérées comme animistes, elles furent interdites par l'Église. Elles ne sont autorisées de nouveau que depuis quelques années. En se concentrant sur sa respiration, que l'on dédie avec amour pour régler un problème, on établit le contact avec l'Esprit supérieur, équivalent du surconscient. (Voir Max Freedom Long, *The Secret Science Beyond Miracles*, DeVorss Publishers, Marina del Rey, Californie, 1988.)

personne aimée (en visualisation) et demandez-lui de veiller sur vous durant votre voyage, puis de vous reconduire vers la maison le moment venu.

Retour grâce à un code

Ce code de retour peut être votre nom, celui d'un proche, d'un saint, d'un protecteur, ou une phrase courte que vous aimez prononcer. Si vous avez l'habitude de dire, lorsque vous êtes heureux : « Mon Dieu », « On est bien », « Tout roule », etc., utilisez cette phrase avant la programmation du départ. Tout ce qui rappelle le bien-être dans votre corps et votre esprit est favorable. Imprégnez-vous-en, d'abord à voix haute, puis mentalement, puis poursuivez les exercices. Ajoutez-y la bulle de couleur.

Votre maison, votre chambre sont chargées d'émotions, de sensations, qui vous aident à revenir en cas d'urgence, uniquement si vous ne pouvez plus affronter une situation. Si vous fuyez, vous regretterez de n'avoir pas apprivoisé le danger.

Retour automatique

Si vous possédez une bonne horloge interne, donnant une indication précise sur le temps écoulé, demandez à votre esprit inconscient de vous ramener en douceur après une demi-heure ou une heure maximum. Ce laps est largement suffisant. « Branchez-vous » sur l'horloge interne de votre inconscient, et demandez-lui de signaler la fin de l'exercice.

Accepter de partir

Voici une trame d'exercices de relaxation. Testez-les à voix haute, enregistrez-les[55], n'hésitez pas à les personnaliser. Commencez par quelques minutes de mémoire sensorielle, de concentration sur la respiration.

« Je ressens un poids dans le plexus, un poids dans mon ventre... Je laisse mon corps s'enfoncer dans le lit pendant que mon esprit voyage... Je vais traverser les objets, ma conscience n'est pas enfermée dans mon corps, ma conscience est une énergie qui voyage dans le monde et au-delà...

« Mon corps s'endort, pendant que mon esprit s'éveille... J'accepte de partir, j'accepte de découvrir des aspects méconnus que j'ai à découvrir... Quoi qu'il arrive, je suis prêt(e) à le vivre... Je vais peut-être rencontrer des gens, vivre des situations différentes... Cela m'apprendra beaucoup...

« Quoi qu'il advienne, je l'accepte, j'accepte de le vivre, de le voir, de le ressentir... A mon retour, je serai capable de faire le tri, de n'accepter que ce qui me convient, de rejeter ce qui ne me convient pas... Je fais confiance à mon esprit inconscient, qui veille sur moi...

« Pour l'instant, je laisse mon corps et mon cerveau changer d'état de conscience, mon esprit inconscient prendre le relais... »

Hypnose et déplacement de conscience

L'hypnose est un état naturel, vécu quotidiennement, à différents degrés. Ainsi, être absorbé par des pensées ou la télévision, sans entendre ce qui se passe alentour ;

55. Pour usage personnel exclusivement.

rêver sans images précises ; être obsédé par une idée ou une scène que l'on imagine (passée ou future) ; « décrocher » lorsqu'on est en train de lire un livre ; être dans la lune, etc. L'esprit et le corps entrent dans une transe légère jusqu'à soixante fois par jour. Nous avons besoin de « recharger nos batteries », en nous changeant les idées, pour que cesse le flot mental et que l'inconscient puisse assimiler ce que vit le conscient. C'est une question d'équilibre.

Tout au long de la journée, les deux hémisphères du cerveau dominent alternativement. L'hémisphère gauche s'active pendant que vous calculez, raisonnez, analysez ; l'hémisphère droit s'active pendant que vous créez, inventez, imaginez, ou durant les taches répétitives qui ne demandent pas trop d'attention, comme la vaisselle. On se souvient du fameux « Eurêka », ce cri de victoire poussé par Archimède, en relaxation dans son bain. Les inventeurs, les créateurs, les visionnaires ont des points communs : ils sont obsédés par leur projet, sont capables de laisser leur esprit vagabonder, ont besoin d'heures de solitude... M. Nakanatzu, un Japonais détenteur de deux mille trois cent cinquante brevets (deux fois plus que Thomas Edison), s'isole souvent et consomme des aliments dont le cerveau a besoin, notamment du blé.

La conscience n'est pas un état stable, mais un mouvement permanent, sujet à des fluctuations et à des variations d'intensité, comme l'énergie et l'univers. Durant les états les plus profonds, des visions peuvent se produire, tandis que l'on entre en contact avec des réalités non logiques et que l'on vit des expériences très intimes de sagesse éternelle.

Pratiquer l'auto-hypnose aide à vous relaxer, en respectant vos rythmes respiratoires, harmonise la vitalité, alterne les phases *yin* et *yang*[56], repose l'esprit et conserve la santé.

Ne vous laissez pas effrayer par le mot « hypnose », qui signifie en grec « sommeil ». Vous allez progresser. Ne cherchez pas à vivre des états particuliers, et encore moins à déplacer votre conscience par force. Même s'il est tentant de vouloir aller au plus difficile, l'expérience enseigne que vous gagnerez du temps en suivant progressivement les exercices, pour que ces sensations physiques vous deviennent familières – même si l'expérience, selon Confucius, est une lanterne que l'on porte dans le dos et qui n'éclaire que le chemin déjà parcouru !

Exercice de concentration

Asseyez-vous confortablement, les yeux ouverts, respirez tranquillement quelques minutes.

Fixez un point sur le mur (ou sur la moquette, le parquet...). N'importe quel point, une petite tache, une différence de couleur, fera l'affaire.

Fixez ce point intensément, avec beaucoup d'attention, jusqu'à ce qu'il devienne immense, qu'il occupe tout le champ visuel ; ne tendez pas vos yeux, ne froncez pas les sourcils ; gardez une attitude confortable. Si

---

56. Notion chinoise. Le *yang* est l'expression, la force, la volonté, le jour, le rayonnement, la combativité, tout ce qui tend vers l'expansion. Le *yin* est la captation, la gestation, la souplesse, la nuit, l'infusion, le calme, la contraction et l'assimilation. Quand le *yang* est trop tendu, il devient vieux *yang* et se transforme en *yin*. Inversement, le vieux *yin* devient *yang*. La vie est une recherche constante du point d'équilibre dans un monde changeant.

votre regard se défocalise, laissez faire. Souvenez-vous des occasions de « rêvasser » qui vous ont été interdites depuis l'enfance, et rattrapez le temps perdu.

Expirez en comptant jusqu'à 7.

Bloquez la respiration en comptant jusqu'à 3.

Expirez en comptant jusqu'à 7.

Bloquez en comptant jusqu'à 3.

Imaginez que votre conscience se situe dans votre nuque ; fixez ce point, devant vous, depuis la nuque. Prenez le temps de vous familiariser avec cette sensation avant de passer à l'étape suivante. Votre vue se situe sur votre nuque, et vous voyez devant votre corps.

Fixez ce point comme si ce regard venait du haut de votre crâne. Prenez le temps de vous familiariser avec cette sensation. Votre vue se situe derrière le sommet de votre crâne.

Fixez ce point (tache, couleur) comme si votre tête était un œil immense.

Retrouvez votre regard normal, reposez-vous, bougez, faites autre chose en restant seul, sans parler (boire un verre d'eau, regarder par la fenêtre, se laver le visage, faire quelques pas dans la pièce...).

Revenez au point que vous fixiez précédemment Imaginez votre conscience hors de votre tête, à environ vingt centimètres derrière celle-ci.

Prenez le temps de sentir, remerciez votre esprit inconscient de bien vouloir continuer ce processus à son rythme, pendant que vous menez vos activités habituelles.

Utilisez cette technique pour créer une sorte de « sas psychologique » entre deux rendez-vous, avant de rentrer chez vous, dans le bus, etc. Cela deviendra une technique de relaxation très rapide.

La lueur mouvante

Asseyez-vous confortablement ou allongez-vous.

Prenez quelques grandes inspirations, suivies de grandes expirations.

Écoutez les bruits extérieurs les plus lointains (voitures, travaux, oiseaux...).

Écoutez les bruits de la pièce où vous êtes, même ténus.

Écoutez les bruits de votre corps : respiration, bruits de gorge, de bouche, frottements sur le tissu... Avec de l'entraînement, vous entendrez votre corps, source sonore permanente que nous ne captons pas toujours.

Respirez plus fort que d'habitude ; tout au long de l'exercice, tâchez d'entendre le bruit de votre respiration.

Concentrez-vous sur votre poitrine, imaginez que s'y trouve un point lumineux (bleu pâle ou argent, par exemple). Ce point lumineux monte et descend au rythme de votre respiration. Il est posé sur votre poitrine comme un bateau sur la mer, ou flotte deux centimètres au-dessus, comme un oiseau.

Demandez à votre esprit inconscient de vous guider jusqu'à l'état de relaxation le plus profond que vous puissiez connaître aujourd'hui, en le remerciant par avance.

Occupez votre esprit conscient à compter jusqu'à cinquante.

Lorsque vous avez atteint un état de confort, arrêtez et savourez. Laissez votre conscience aller là où elle le veut.

Pratiquez cet exercice plusieurs fois dans la semaine (entre trente et quarante minutes pour commencer ; cinq à quinze minutes suffiront très rapidement).

La respiration

Nous respirons entre vingt-deux et vingt-quatre mille fois par jour. La respiration apporte au corps l'azote, l'oxygène et les autres gaz qui composent l'atmosphère, mais aussi le *prana*[57], le souffle divin, l'énergie utilisée par les guérisseurs. Par le souffle, vous atteignez le Verbe, principe de la création. Vous communiquez avec ce bain d'énergie dont nous sommes issus.

Portez votre attention sur votre abdomen (votre ventre). Il se soulève et s'abaisse au rythme de votre respiration. Imaginez que vos poumons se trouvent sous votre nombril. En expirant, laissez votre ventre se creuser. En inspirant, laissez-le se remplir.

Entraînez-vous à « respirer par le diaphragme », dix minutes au maximum. Posez votre main sur votre ventre, laissez-la se soulever et s'abaisser, comme si vous « appuyiez » l'air vers le bas de votre corps. Le chant et la natation favorisent cette respiration.

Au fur et à mesure, vos tensions sortent, et l'énergie entre dans votre corps. A chaque expiration, rejetez soucis et tensions vers l'extérieur. A chaque inspiration, diffusez force et confiance dans votre corps. Vous pouvez aussi vous concentrer sur vos *chakras*, successivement.

Respiration par la peau

La peau respire, au sens propre. C'est le plus lourd des organes (entre trois et quatre kilos). D'une grande complexité, elle permet de moduler la température du corps ; la peau filtre, transpire (un litre par jour), ressent, capte, enregistre, diffuse. Une prodigieuse antenne !

---

57. Mot hindi désignant le souffle vital, qui maintient l'univers et nourrit les êtres vivants.

Dans les arts martiaux, certaines techniques d'attention permettent de détecter l'adversaire dans l'obscurité. La peau soutient la vue et l'ouïe, et les remplace même en partie en cas de défaillance. Elle joue un rôle essentiel permettant d'émettre des intentions, de capter celles d'autrui, de guérir et de soigner. Il est important de la respecter, en la laissant propre, et en nourrissant les parties exposées (visage et mains) avec des crèmes. Faut-il rappeler que le soleil est l'ami de votre peau... tant que vous ne l'y surexposez pas ?

Pour respirer par la peau, allongez-vous dans le noir. Ne vous souciez pas de votre corps, les organes fonctionnant sans le recours de la volonté (même si vous avez la possibilité de les influencer pour améliorer votre santé).

Écoutez avec la peau les sons infimes ou forts. Imaginez-vous sous l'aspect d'un grand ballon, aux dimensions de votre corps, ou comme une grande plante, vivante et creuse. Sentez l'air sur votre peau, circulant à l'intérieur et à l'extérieur.

Commencez par le visage. Quelles sensations ressentez-vous ? « Mon visage respire, mon visage m'apporte des informations sur le monde extérieur... »

Ensuite, ce sont vos mains qui respirent, puis les jambes, le ventre, et ainsi de suite. Prenez votre temps. Sentez l'air différemment selon les parties du corps. A-t-il la même consistance vers le haut, le milieu, le bas, à droite, à gauche du corps ? A-t-il la même légèreté, le même poids, la même température, la même vitesse de déplacement ?

Si vous frissonnez, accompagnez ce frisson, devenez ce frisson. Sentez une présence en vous, comme une présence animale, qui semble respirer à votre place.

« En pratiquant ces exercices, confie Isabelle, postière, j'ai vraiment eu la sensation de vivre. J'étais habitée, mais ce qui était en moi, c'était moi. C'est difficile à expliquer... C'était comme si j'étais devenue un concentré de moi-même. J'ai compris que je n'avais jamais respiré de ma vie. Je m'enivrai de quelque chose d'inconnu. Plus tard, j'ai réalisé que je respirais la vie... tout simplement. »

Les attitudes favorables

Les personnes qui s'intéressent à leurs rêves, développent leur intuition et acceptent de percevoir des incidents qu'elles ne comprennent pas d'emblée, favorisent leur sortie du corps. De même les personnes familiarisées avec les états de conscience modifiée, la relaxation, la transe ordinaire ou extraordinaire, qui pratiquent méditation, prière, yoga, et aiment s'isoler (randonnées, retraites en monastère).

Les personnes cyniques, insensibles à leurs émotions, bloquées, refusant de ressentir quoi que ce soit, pourront connaître davantage de difficultés. Mais le succès ne leur est pas interdit. Aussi, si vous vous considérez comme émotionnellement bloqué, et qu'au fond de vous une voix vous décourage... n'abandonnez pas ! Inutile de croire. Dans ce domaine, les opinions ne peuvent être définitives. Nous nous trouvons dans la même situation que Copernic, lorsqu'il dut faire admettre que la Terre n'était qu'une des planètes gravitant autour du Soleil. Notre cerveau a tendance à filtrer, à interpréter, à sélectionner, à canaliser. Si nous voulons faire progresser la connaissance de l'âme humaine, nous devons nous libérer des concepts du siècle dernier, voire du Moyen Age.

Ces exercices développent la confiance en soi. Vous serez capable d'évaluer les risques à prendre, vous ouvrirez de nouveaux champs de réflexion, et vous connaîtrez mieux vos buts profonds. Même si vous ne deviez jamais connaître de sortie de conscience, vous auriez pris soin de vous.

Quelques difficultés et comment les affronter

Les doutes

Pour dépenser le moins d'énergie possible à lutter contre vos doutes, mieux vaut... les conserver. Par exemple, ne croyez jamais rien à 100 %. Ce que nous appelons « sortie du corps » aura dans cent ans une autre définition, des découvertes modifieront notre point de vue. Gardez donc une part de doute sur la réalité de ces expériences, sur leur nécessité, afin de mieux les vivre.

L'idéal est de considérer qu'une partie de vous sera chargée de conserver le doute et l'esprit critique pour analyser l'expérience. En aucun cas la « partie qui doute » ne doit empêcher le déroulement de l'expérience. Elle sert à vous protéger, non à vous emprisonner.

Pour vous motiver, songez à ce que cela vous apportera : relation plus intime avec vous-même, élargissement de votre personnalité. La réalisation d'un être humain ne consiste-t-elle pas à vivre toutes ses facettes ?

Avant la séance, demandez à votre « partie qui doute » de revenir une heure plus tard.

Le sentiment d'incapacité

Au cours de mes consultations, de mes formations et de mes séminaires, j'ai rencontré bien des personnes qui se sentaient incapables de mener à terme tel ou tel projet. La plupart du temps, un tel sentiment est largement exagéré : parce que l'on n'a pas appris à faire quelque chose, on s'en sent incapable.

Beaucoup souffrent de ne pas s'exprimer. Dans votre enfance, aviez-vous l'autorisation de décrire certaines lueurs colorées autour des gens ? Pouviez-vous évoquer publiquement la visite de votre grand-mère décédée, ou vos rêves, et être écouté ? Aviez-vous le droit de parler d'un ange ? Ou de votre prière adressée à un saint mort voilà des siècles ? En bref, viviez-vous avec le sentiment que l'invisible était réel, ou que seul le visible était autorisé ?

Pour lutter contre le sentiment d'incapacité, voici comment procéder (selon votre personnalité).

Sachez ce que vous voulez. C'est plus simple qu'il n'y paraît. Posez-vous quelques questions essentielles, et répondez-y de préférence par écrit.

Qu'est-ce qui vous rend heureux ? Quels sont les plus beaux moments de votre vie ? Dans quelles circonstances êtes-vous en accord avec vous-même ? Que faites-vous pour mettre de la joie, des moments d'épanouissement et de réalisation dans votre vie ? Que faut-il absolument que vous ayez accompli avant de mourir ? Que souhaitez-vous améliorer dans votre vie (relations avec vous-même et avec les autres, acceptation ou refus, développement d'aspects négligés de vous-même...) ? Qu'est-ce qui vous a aidé à évoluer, dans le passé ? Quelles sont vos expériences, même douloureuses, les plus enrichissantes ? Quels motifs avez-vous d'entreprendre un voyage astral ?

Si un homme peut traverser la Manche à la nage, vous pouvez traverser une piscine. Si un homme monte à quatre mille mètres, tous peuvent monter à quatre cents mètres.

Vers un nouvel état de conscience

Nous n'avons guère l'habitude d'être bons avec nous-mêmes. S'occuper de l'essentiel est la voie la plus rapide pour explorer votre inconscient. Les idées sont comme de la fumée, elles se dispersent. Tant qu'elles demeurent théoriques, elles peuvent s'annihiler très vite. Le cerveau est empli de croyances, de filtres, d'idées préconçues. Des mécanismes conduisent à rejoindre le plus souvent les conclusions connues. On dit en français : « Tout ce qui est nouveau est faux. » Mais comme l'a écrit Mark Twain : « Ils ne savaient pas que c'était impossible, alors ils l'ont fait. »

Si vous êtes familiarisé avec l'idée que la conscience n'est pas prisonnière du corps, votre cerveau acceptera d'élargir son expérience. Dans les civilisations habituées à dialoguer avec les morts, cela paraît naturel ; lorsque le voyage astral était pratiqué couramment, on pouvait aisément évoquer ses expériences et s'enrichir mutuellement. Recherchez des personnes partageant vos convictions et pratiquez ensemble.

« La jeune femme semblait descendre d'un immeuble, raconte Richard, un artisan de quarante-sept ans. Elle venait de sortir, bien qu'il n'y eût ni escalier ni ascenseur. Cet immeuble était comme un bateau placé sur une colline. Elle s'approcha de moi, en contrebas. Elle était vêtue d'une robe à la mode antique. Elle souriait, mais ce sourire ne s'adressait pas à moi. Elle semblait regarder quelqu'un, derrière moi. Je ne voyais pas mon corps, pourtant j'avais la sensation que mon cœur battait fortement. Quand elle passa à ma hauteur, je sentis presque son souffle et son parfum, et je captai ses pensées. Je l'avais connue, jadis, mais elle avait préféré devenir religieuse. »

Qu'il s'agisse d'une réminiscence d'une vie antérieure, ou d'un mécanisme psychique, ces visions sont captivantes. Richard s'est interrogé sur son acceptation et son refus de l'amour...

DEUXIÈME PARTIE

RÉPONSES SUR LE VOYAGE ASTRAL

Nous pouvons presque tous pratiquer la plongée sous-marine ou le karaté ; cela ne signifie pas pour autant que nous le ferons nécessairement. Il faut du temps pour obtenir un résultat.

Le voyage astral appartient à l'humanité (et sans doute à tous les mammifères). En ce sens, comme n'importe quelle expérience, il ne dépend ni du degré d'instruction, ni des origines, ni du sexe, ni de la culture. Beaucoup n'étaient pas préparés, la première fois qu'ils vécurent cette expérience. C'est pourquoi constance et persévérance sont vos atouts.

Est-ce dangereux ?

Le voyage astral n'est pas plus périlleux que n'importe quelle activité humaine. Seule l'ignorance est dangereuse. Ceux qui vivent des expériences hors du commun sont souvent confrontés à l'hostilité du corps médical, et même parfois des religieux, qui ont du mal à accepter le surnaturel. Leurs amis peuvent se montrer goguenards, dévalorisants. Il leur devient alors difficile d'intégrer ces phénomènes, de comprendre leur sens et de les rendre bénéfiques. C'est pourquoi il vous faut rechercher la compagnie gratuite des personnes qui vous apprécient, qui cherchent, pour puiser confiance et encouragement.

L'autre danger principal, au début, est de se prendre trop au sérieux, d'y consacrer trop de temps, de vouloir acquérir un pouvoir pour se libérer des contraintes matérielles – ou simplement, d'être emporté par excès d'enthousiasme. Rien de plus normal, mais il est préférable d'intégrer vos découvertes dans la signification globale de votre vie.

Un autre risque est de se couper du monde et des autres. On peut tout à fait vivre des expériences intenses en gardant son emploi et en continuant à fréquenter ses amis, même si ceux-ci n'y croient pas. Il est vain de vouloir s'enfermer avec ses idées ; mieux vaut s'entourer de quelques personnes prêtes à partager l'expérience. Évitez l'excès, la marginalisation. Le miracle n'est pas un fin en soi.

Ces techniques sont déconseillées aux personnes malades ou sous traitement chimique ; si une sortie du corps se produisait spontanément, pensez à votre corps physique. De toute façon, vous reviendrez naturellement durant une période de sommeil. En revanche, si vous vous trouvez à l'hôpital, victime d'un mal incurable, faites ces expériences pour vous préparer à l'au-delà et modérer votre peur de la mort.

Des rumeurs circulent au sujet de personnes prétendûment possédées. Durant leur dédoublement, une entité se serait approprié leur corps physique. Cette croyance n'a guère de fondement. En général, ce sont de tels préjugés qui produisent les expériences. Ainsi, aux États-Unis, un psychiatre annonça qu'une de ses clientes avait de « multiples personnalités », chacune ignorant les activités des autres. Il ne tarda pas à être submergé de cas semblables. L'épidémie se propagea. Les patients à multiples personnalités envahirent les cabinets médicaux... Il en va des idées et des maladies psychiques comme des modes : elles changent. Comparer son vécu moderne avec celui de ses ancêtres est salutaire et instructif.

Un individu n'est pas un bloc, c'est une force animée par divers courants, qui se réveillent selon les circonstances. L'humain est habité par des croyances, des pulsions, des blocages, parfois opposés. Il est naturel d'avoir une personnalité complexe, puisque nous sommes confrontés à beaucoup de stimuli extérieurs.

L'idée d'être possédé est assez effrayante. De tels cas sont rapportés dans l'Ancien Testament et dans les Évangiles. Quelque chose, quelqu'un peut-il s'emparer de votre corps comme le bernard-l'ermite s'empare d'un coquillage vide ? J'ai rencontré des personnes qui s'imaginaient être possédées, mais aucune qui le fût véritablement. Certains se croient envoûtés ou victimes de mauvaises intentions. Il est vrai que les humains peuvent se montrer hostiles. Notre espèce appartient au groupe des prédateurs les plus redoutables. Mais ne sous-estimons pas notre autodéfense inconsciente.

Sortir de son corps est moins dangereux que rouler en voiture. Vous êtes protégé par votre corps de lumière, votre corps physique, votre corde d'argent. Bien sûr, il a pu m'arriver de sentir un malaise lorsque j'éprouvais du mal à réintégrer mon corps ; cela me paraissait une éternité, alors que, sans doute, ce n'était que quelques fractions de seconde... Ces maux de tête, ces douleurs éventuelles sont comparables aux douleurs consécutives à un entraînement sportif.

La plupart du temps, l'état physiologique est normal. Comme le dit Jeanne Guesné : « Je me suis senti exister hors de mon corps, restant tout près et le voyant, ou au contraire allant très loin et le réintégrant, sans interruption de conscience[1]. »

Comme d'autres chercheurs, je suis persuadé que nous quittons notre corps pendant le sommeil. Nous avons donc – tous – expérimenté cette sensation, que nous le voulions ou non. Comme il s'agit de l'un des quatre états de conscience, il n'est pas nécessairement accessible lors de la conscience éveillée habituelle. (Ces états de conscience sont la veille, le sommeil, le rêve et la transe, ce dernier correspondant aux sorties du corps.)

Les désagréments éventuels sont au plus l'équivalent d'une migraine légère, comparable à ce vertige, ce sursaut qui, parfois, alors que l'on sombre dans le sommeil, nous ramène brutalement à la conscience éveillée. Cette sensation est due à une fatigue physique : l'esprit parcourt les événements de la journée, de manière quasiment obsessionnelle, avant d'explorer des images oniriques, irrationnelles, très colorées, qui annoncent le changement d'état de conscience. Apprenez à amplifier cette sensation, prenez votre envol, planez au-dessus de la terre, découvrez des lieux d'expérimentation pour votre âme...

La véritable difficulté n'est pas de craindre que le corps physique soit possédé, ou de ne pas revenir. Le seul obstacle est de ne pas réussir à rester à l'extérieur.

En suivant les indications, retrouver le chemin est aussi facile que se rappeler des souvenirs. Si vous évoquez l'image de vos dernières vacances, votre esprit retourne spontanément à l'endroit où vous vous trouviez. De même, après une sortie du corps, vous reprenez instantanément possession de votre corps physique.

---

1. Jeanne Guesné, *Le Grand Passage*, Éditions L'Espace Bleu, 1994.

Le phénomène est simple pour les sorties éthériques, dans la réalité présente et visible. Lors des sorties astrales, quelques secondes semblent une éternité.

La pensée et le monde sont peut-être une seule et même entité. Vous pensez à une situation et elle se présente à votre esprit ; vous pensez à un événement et vous y êtes. Évoquer votre corps physique, votre main, votre visage, votre maison, une personne ou un animal que vous aimez, peut suffire à vous faire revenir.

Une autre méthode consiste à mouvoir le corps physique, par exemple à lever la main ou à respirer plus fort : cela peut se révéler suffisant. Le corps physique agit alors comme un aimant rappelant à lui le corps éthérique. Avant de vous éloigner, laissez votre conscience errer dans la pièce. Nous évoluons dans plusieurs réalités en même temps, la réalité matérielle et la réalité invisible.

Certains, au début, se croient victimes d'attaques d'épilepsie. On peut être agité de tremblements, de vibrations. Il s'agit là souvent des prémisses du dédoublement. Notre intelligence a une propension à cataloguer, à classifier en catégories déjà connues, et lorsqu'elle ne sait où ranger une expérience, elle l'accole à une autre, qui lui ressemble, et l'expérience est intégrée dans un ensemble plus vaste. Ainsi, on s'étonne de voir son bras traverser une porte ; par la suite cela semble logique. Au début, vous risquez de reproduire des gestes courants, pourtant inutiles. Vous vous apercevrez que les déplacements sont très rapides, même si, en réalité, les sensations restent proches de celles du corps physique.

La force d'attraction de la terre, de la chair, du monde matériel, est souveraine. Nous avons, sur les entités et les personnes que nous rencontrons, un avantage considérable : nous évoluons dans plusieurs réalités à la fois, alors qu'elles ne vivent que dans la réalité astrale.

Si vous étiez en train de découvrir un nouveau monde, vous prendriez le temps de vous familiariser avec certains paysages. Vous étudieriez les ressources et les dangers de la contrée, sans vous lancer à l'aveuglette. Lorsque vous vous dédoublez, faites confiance à votre corps physique ; vous glisserez de la conscience astrale au sommeil, puis au réveil – ou bien vous aurez faim, ou soif. Si un(e) ami(e) vous accompagne, décidez qu'au bout d'une heure, par exemple, il (elle) mettra une musique douce ou parlera à voix basse pour vous faire revenir.

Votre âme, indestructible, a traversé les siècles. Elle aime les expériences passionnantes. Pour garder néanmoins « les pieds sur terre », suivez ces quelques conseils :

– Chacun vit des états de conscience modifiés. Contenez donc votre vanité.

– Cherchez à apprendre davantage en lisant des livres et en assistant à des conférences.

– Ne restez pas isolé. Partagez vos expériences, n'hésitez pas à les confronter avec d'autres. Ce point est capital.

– Si nécessaire, appelez à l'aide, comme dans les rêves. L'invisible est peuplé d'êtres amicaux – des proches, des inconnus vivants, des saints, des disparus.

Les désagréments sont rares et bénins : parfois une nausée, un malaise, un engourdissement, une sensation de froid, ou l'impression d'être vêtu de vêtements sales. Cela ne dure que quelques minutes. Prendre une douche, respirer à sa fenêtre dix minutes, se balader, chanter, suffisent à dissiper ces sensations. Le plus souvent, seul subsiste le plaisir et une impression d'étonnante légèreté.

Robert Monroe[2], un chercheur américain, mena d'abord une vie classique d'homme d'affaires. Il déclare aujourd'hui : « Je suis aussi vivant physiquement après vingt-cinq ans d'exploration des expériences de sortie du corps[3]. J'ai parfois douté. Les autorités médicales m'ont assuré que mes problèmes physiques sont dus à mon mode de vie à l'américaine. Mais certains ont une autre position : d'après eux, si je suis encore vivant, c'est grâce à mes sorties hors du corps. Cela reste à prouver. Il semble cependant que l'on peut pratiquer régulièrement cette expérience et survivre. J'ai été périodiquement examiné par des experts et je peux raisonnablement affirmer que je suis en bonne santé. »

L'explication est évidente : au lieu d'être victime des événements, en pratiquant des exercices de recentrage (pas seulement de sortie du corps : toute forme de relaxation et de méditation est profitable), le contact avec soi-même, avec ses propres buts et ses désirs, est plus étroit. Nous disposons principalement de nos sensations et de nos émotions pour nous orienter, parmi la multitude de choix qui s'offrent à nous.

La sortie du corps est-elle utile ?

Est utile ce qui contribue au développement de l'esprit humain. Toute connaissance externe (feu, mécanique, atomes...) a des effets secondaires, mais jamais la connaissance interne. Même si vous lisez ce livre à titre informatif, il vous sera utile. Qui sait si, dans deux

---

2. Robert Monroe, *Le Voyage hors du corps*, traduit par Paul Couturiau, Le Rocher, 1988.

3. « *Out of the body experiences* ».

ou vingt ans, vous ne vivrez pas un dédoublement spontané ?

Une des expériences les plus étranges est la lévitation. Le corps physique, quand il libère le corps éthérique, a tendance à se contracter, à se crisper. Je n'ai jamais expérimenté personnellement la lévitation du corps physique, pas plus que je ne l'ai constatée. Je suppose qu'elle est possible, puisque de nombreux témoins l'attestent. Un cas célèbre est celui de Joseph de Copertino, un moine capucin du XVIIe siècle, dont les extases annihilaient en partie sa pesanteur, le faisant flotter dans l'air. Quant à Séraphim, un orthodoxe russe du siècle dernier, c'est en état de lévitation qu'il put guérir un malade.

Il ne semble pas absurde que le corps puisse prendre appui sur l'air, à la manière d'un oiseau ou d'un avion, selon des lois physiques déjà élucidées, mais que l'être humain ne peut encore reproduire.

Cependant, la sensation de planer est telle que l'on « marche » parfois au-dessus du sol. Puisque vous vous déplacez par la pensée, vous n'êtes plus soumis aux lois de l'attraction terrestre. La distance, pas plus que la pesanteur, n'est un souci. Vous glissez, comme la plume au vent. Ces sensations sont si marquantes que plusieurs personnes acquièrent ainsi la quasi-certitude d'avoir découvert la lévitation[4].

---

4. Dans son livre *Des prodiges et des hommes* (Philippe Lebaud, 1989), Hélène Renard évoque différents cas de bilocation et quelques cas de lévitation. Ce phénomène, fort rare, n'est arrivé, d'après Olivier Leroy, qu'à soixante saints chrétiens sur quatorze mille.

Voir l'aura et le corps éthérique

Asseyez-vous en face d'une personne et regardez autour d'elle, en laissant votre regard flotter. Vous discernerez d'abord la chaleur de son corps, une zone de deux à trois centimètres, puis le corps éthérique, large de trente à cinquante centimètres – voire davantage. Entraînez-vous également en fixant la flamme d'une bougie, non en son centre, mais à sa périphérie, afin d'en distinguer le halo.

Une pratique intensive permet souvent de discerner des couleurs.

- Le doré, assez rare, se diffuse lorsque nous sommes plongés dans un sentiment d'amour, unis au monde.
- Le blanc indique souvent des dons de guérisseur.
- Le vert indique la guérison prochaine d'un malade, ainsi qu'un magnétisme intense.
- Le bleu souligne le désir spirituel.
- Le jaune froid indique des zones de blocage émotionnel ; le jaune chaud – ou coquille d'œuf – est la marque d'un esprit fraternel.
- L'orange est la marque de l'ambition ; s'il est vif et bouillonnant, cette ambition est mal maîtrisée.
- Le rose est la couleur de la tendresse et signale une personne très calme.
- Le gris, marque de la tristesse, dénote parfois un cœur sec.
- Le noir indique la dépression ou signale une personne en lutte contre ses démons intérieurs.

On ne peut certes pas juger les gens sur la couleur de leur aura. Chacun vit ce qu'il doit vivre, à sa façon. Si vous devez interpréter l'aura de vos amis, assurez-vous que vous leur apporterez un conseil utile, et non une critique. Les jugements finissent en impasses, les conseils créent des perspectives.

Reconnaître les signes annonciateurs

Au début, il est probable que vous ne vous apercevrez de rien. Le glissement est progressif, imperceptible. Puis vous acquerrez une facilité à vous dissocier, à laisser votre conscience se déplacer. Vous vous relaxerez plus profondément, développerez votre mémoire sensorielle, accéderez à des souvenirs et à des visions, maîtriserez la visualisation.

Un jour, vous constaterez, comme par inadvertance, que vous évoluez dans un univers différent de l'univers familier. Peut-être un disparu viendra-t-il à votre rencontre, ou ce sera une manifestation, un signe. Peut-être constaterez-vous que votre intuition se développe, que vous êtes plus à l'aise dans la vie quotidienne. Vos rêves deviendront plus riches. Vous aurez besoin d'être seul, de méditer, de marcher longuement, de prier.

Cet ensemble de signes préparatoires va concourir à ouvrir les frontières de la conscience.

« Une fois, confie Denise, retraitée, je ne pouvais trouver le sommeil. Je me tournais dans mon lit. J'étais tendue. Je finis par m'endormir, très tard. Au milieu de la nuit, je me réveillai dans un étrange état. Ma première pensée fut que j'étais malade. J'avais trop chaud. Je voulus faire un geste vers la lampe de chevet pour aller boire un verre d'eau, mais j'étais incapable de bouger. Mon corps était paralysé. Il échappait à ma volonté.

« Presque aussitôt, j'eus l'impression d'être dédoublée, comme si une masse de chaleur sortait à moitié de mon corps, attachée par le tronc, comme un deuxième corps.

Mon cœur battait fortement, son rythme emplissant tout mon corps, mais également ce deuxième corps. Ces battements semblaient situés à l'extérieur. Je ressentais une brûlure dans le ventre, mon sang était très dense et je pouvais en suivre la circulation... Brusquement, je me sentis flotter. Dans ma jeunesse, j'avais été une bonne nageuse. J'avais l'impression de faire la planche, non sur l'eau, mais sur l'air, ou plutôt sur un coussin d'air. J'étais légère comme une plume. J'étais enivrée, je n'osais pas bouger de peur de faire cesser cet état magique. Des pensées pleines de gratitude m'emplirent. Puis, lentement, je redescendis dans mon corps physique et je m'endormis, heureuse comme jamais. »

Exercice de flottement intérieur

Qui n'a vécu cette sensation : au moment de s'endormir, on a l'impression de tomber dans un trou, on frissonne, on bascule dans le vide, on est pris de vertige ? Cela se produit dans les moments de relâchement, lorsque le corps éthérique s'apprête à se libérer du corps physique. Profitez-en pour vous projeter. Au lieu de sentir votre corps éthérique jaillir hors de votre corps, laissez-vous planer, comme si vous vous lanciez du haut d'une falaise imaginaire. Que risquez-vous ? Rien, si ce n'est le plaisir de mieux vous connaître. Plus de 90 % de nos peurs sont le produit de notre imagination – des « démons de papier ».

Le monde intérieur est aussi infini que le monde extérieur. Le sentiment d'appartenance au cosmos devient alors très fort. Flottez dans la pièce, comme sur un tapis volant. Votre corps se dirige par la pensée, qui produit d'imperceptibles mouvements. Utilisez la densité de l'air pour vous propulser. Surtout, que ces instants soient ludiques et heureux !

Se guérir et guérir autrui par le voyage astral

L'expansion de conscience réduit, ou évite, le recours aux drogues. Vous permettez aux deux hémisphères de votre cerveau de remplir leur rôle et vous bénéficiez pleinement de l'apport de votre respiration.

Si la réalité peut être vue comme un ensemble d'énergies qui s'associent, luttent, s'opposent, se créent et se détruisent, pour trouver un équilibre plus ou moins provisoire, il est logique de penser que nous baignons dans un bain d'énergie. Une partie en est invisible. Chacun peut voir la terre, les êtres, les objets, la pluie et la neige, et parfois l'atmosphère polluée, en surplombant une ville ; on « voit » aussi l'air s'il est chaud, et parfois les courants d'air. Certains voient même l'énergie se dégageant plus ou moins fortement des humains, des animaux et des plantes.

L'influence de la pensée est considérable, comme en témoignent les millions de personnes qui ont obtenu une rémission ou une guérison par la prière. Celle-ci est une énergie dirigée vers autrui, Dieu ou un être humain. Et bien des magnétiseurs obtiennent des résultats à distance. La profession est certes décriée par la faute d'une poignée d'escrocs – mais n'y a-t-il pas des avocats marrons, des politiciens corrompus, des médecins véreux ? La plupart des magnétiseurs sont des gens honnêtes et dignes de la confiance qu'on leur porte.

Comment s'y prendre ? Tout d'abord, et ce point est très important, n'attendez pas d'être parfait ; commencez tel que vous êtes aujourd'hui. Entraînez-vous à concentrer votre énergie, puis à l'envoyer sous forme de rayon lumineux en direction de personnes malades, que vous les connaissiez ou non. Ne vous préoccupez pas du résultat. Vous n'êtes même pas obligé de le leur dire. Familiarisez-vous avec le processus de concentration et de projection de l'énergie. Vous avez des chances d'être agréablement surpris.

Visualisation des courants d'énergie

Visualisez la personne, ou sa forme ; prenez le temps de bien la voir, ou, au moins, de voir sa silhouette.

Concentrez votre énergie autour de votre corps (comme s'il était un ballon gonflé d'air chaud), puis dans le ventre, le *hara*[5], la colonne vertébrale, le plexus, le sternum ou la poitrine.

Maintenant, visualisez un courant de couleur (celle qui se présente, par exemple du bleu ou du vert pastel) se dirigeant vers le ciel et formant une sorte d'arc-en-ciel en direction de la personne malade. Votre énergie forme un pont vers son énergie. Rayonnez vers elle.

Ne vous préoccupez pas de la localiser, le surconscient vous guide. Pratiquez par laps de dix ou quinze minutes.

Lorsque cet exercice est devenu aisé, imaginez que votre conscience voyage avec ce courant lumineux ; rendez-vous à côté de la personne que vous souhaitez

5. Mot japonais désignant le ventre et, sur le plan énergétique, le point d'équilibre de l'homme, situé généralement à deux centimètres sous son nombril. Des expressions telles que « avoir du ventre », « avoir de l'estomac », « avoir les tripes bien accrochées », etc., illustrent son importance.

aider ; observez ce qui s'y trouve, regardez autour de vous. Ne cherchez pas à deviner ; acceptez ce qui se passe.

Ce processus demande du temps, mais ouvre des perspectives sur le magnétisme et la guérison, et facilite la sortie de conscience.

Exercice de la pluie

Imaginez que votre énergie « s'évapore » comme de la buée. Elle s'échappe par les pores, se renouvelle instantanément, se condense, puis monte très haut dans le ciel ; là, elle se transforme en pluie bienfaisante au-dessus de la personne que vous voulez aider. Cette pluie lui apporte soulagement et paix de l'esprit.

Exercice de la fusion

Pensez à une personne que vous aimez, sentez son rayonnement, acceptez d'être magnétiquement « attiré » par elle.

Imaginez que vos deux énergies fusionnent, dans un joyeux bouillonnement de couleurs ; vous devenez elle, elle devient vous ; vous partagez des informations, au niveau inconscient.

Maintenant, séparez vos énergies et visualisez votre présence, mais vue de l'extérieur. Vous vous voyez à côté de cette personne, dans un double halo. Éveillez ses parties saines, ne prenez jamais sa maladie. Contactez son élan vital et réapprenez-lui le combat et la survie.

Faites confiance à vos sensations, même si elles ne dépendent plus de votre corps. Il est difficile de mettre en mots des expériences sensorielles, et bien des compréhensions demeurent inexpliquées. Si vous ne voulez pas fusionner (même momentanément) avec la personne, laissez votre énergie à côté de la sienne, comme deux champs de fleurs différents.

Sort-on de son corps durant le sommeil ?

Je suis d'accord avec la plupart des chercheurs. Je pense que la conscience connaît quatre états : conscience éveillée, conscience hypnotique, sommeil, rêve. Chacun de ces états est très différent des trois autres. Ils forment un tout, mais ne sont pas semblables. En empêchant un homme de dormir, on le rend fou. En l'empêchant de rêver, on brise sa personnalité. En l'empêchant d'être éveillé, on l'abrutit. En l'empêchant de vivre des états de transe naturels, on le rend physiquement malade.

Ces quatre états se nourrissent les uns des autres ; la santé consiste à leur ménager la place qui convient. La transe, légère ou profonde, est une nécessité de ressourcement et de régénération des cellules. Sans doute, pour une bonne hygiène, faudrait-il autoriser les enfants, dès la crèche, à écouter des musiques douces et répétitives, jusqu'à la classe terminale. La violence diminuerait sans doute, et surtout la consommation aberrante de tranquillisants médicamenteux.

Durant le sommeil, la conscience n'a nul besoin de rester dans le corps et de s'occuper de mille détails indispensables à la survie : faire des courses, se nourrir, travailler, se déplacer, etc. Elle est libre de refaire le monde (une des fonctions du rêve) et de partir à l'aventure. Ce sont des instants privilégiés, véritable nourriture de l'esprit.

Visites et rencontres

Aucune limite, ou presque, n'est perceptible. La réalité est instantanée. Il n'y a plus de temps, plus d'espace : tout est partout. Cependant, la conscience individuelle subsiste, on sait que l'on est une personne, que l'on a une identité, même si parfois l'on se dissout provisoirement dans le « Tout ». On rencontre des amis ou des étrangers, souvent des chats et parfois des chiens. Il suffit de penser à un endroit pour s'y retrouver, mais il arrive que l'on oublie le but que l'on s'était fixé. Il arrive que l'on se retrouve dans des espaces inconnus, intersidéraux.

Il existe des endroits interdits, en général provisoirement ; on ne peut déranger les gens dans une relation intime. Espionner les autres est très difficile, car, même si on se programme, on perd ensuite toute motivation.

Être emprisonné ou handicapé n'est pas rédhibitoire, dans la mesure où l'esprit humain s'évade d'une situation inconfortable. Certaines techniques d'initiation créent délibérément ces situations.

Tétanisation volontaire

Allongé, tendez et détendez, alternativement, chaque partie de votre corps en commençant par la tête, le cou, les épaules, et ainsi de suite. Descendez, en insistant sur la colonne vertébrale. Ensuite, imaginez vos muscles gagnés par la pétrification ; vous ne bougerez plus pendant une demi-heure. Faites une très forte suggestion, en vous interdisant tout mouvement : vous ne pouvez plus bouger, plus du tout, et, au fur et à mesure que votre corps se tétanise et se pétrifie, votre esprit s'allège et s'envole. Vous êtes de plus en plus dur, solide, vous faites corps avec le lit, votre esprit est de plus en plus léger.

L'objectif est d'atteindre l'immobilité totale, alors que votre esprit devient une lumière qui traverse le ciel, vers d'autres dimensions.

Ne dépassez pas la demi-heure.

Les bébés et les animaux sortent-ils de leur corps ?

Les bébés ont d'autant plus de facilité à quitter leur corps, qu'ils l'habitent depuis peu. Ils dorment énormément, comme, dans une moindre mesure, les adolescents. La réalité extérieure est complexe, la croissance intense. Il leur est indispensable de dormir, pour laisser l'inconscient assimiler ce que le conscient apprend. Leurs rêves ont aussi pour fonction de réguler le chaos extérieur[6]. Imaginez la tâche énorme qui consiste, pour un enfant, à apprendre à être propre, à marcher, à parler, à se déplacer dans ce monde. L'adolescent doit affronter des changements physiologiques et développer une stratégie de séduction envers l'autre sexe – ce qui n'est pas rien. Par chance, nous sommes un peu moins néophytes dans l'astral que nous ne l'étions en arrivant sur terre...

Bien des animaux, notamment à sang chaud, comme les oiseaux et les mammifères, dont on est certain qu'ils rêvent, voyagent hors de leurs corps.

Il y a peu d'années, cette idée était irrecevable, les humains entretenant des relations déplorables avec les animaux. La Bible affirme que nous sommes destinés à

6. Voir Michel Jouvet, *Le Sommeil et le Rêve*, Odile Jacob, 1992.

les dominer. Les Égyptiens divinisaient les chats. Les Chrétiens ont eu des relations assez ambiguës avec les porcs, et plus amicales avec les ânes (l'âne de la Crèche, puis celui qui porta Marie). De leur côté, les Juifs rejettent les porcs et les crustacés. Les Musulmans rejettent également les porcs, mais l'âne sur lequel était assis Mahomet a été admis au paradis. En s'établissant en Inde, les « Aryens[7] » considérèrent que la vache leur ressemblait, et qu'elle était sacrée. Le buffle, noir, fut assimilé aux Dravidiens, plus sombres de peau, et put donc être exploité dans les rizières et les champs.

Le débat n'est pas tranché sur la capacité à rêver des animaux à sang froid (reptiles) et des insectes. L'idée qu'ils aient une conscience peut paraître sacrilège. Pourtant, dès lors que l'on admet « l'intelligence » d'un virus ou d'une simple cellule, comment ne pas reconnaître que les animaux soient pourvus de conscience ? Ce n'est pas dévaloriser l'âme humaine qu'admettre que la conscience, substance magique de la vie, circule en eux.

Des personnes ont pu communiquer avec des animaux disparus, surtout des chiens et des chats. En se dédoublant, ils nous protègent, nous avertissent et témoignent de leur amour. Le voyage astral est une expérience psychologique et spirituelle ; des forces inconscientes et surconscientes échappent à la volonté, mais également à toute emprise matérialiste : on sait que des espèces animales sont capables de parcourir des centaines, voire des milliers de kilomètres. Cessons de les sous-estimer...

---

7. La race aryenne n'existe pas. Le mot sanscrit *arya* signifie « noble », caste des brahmanes.

Le corps physique est le siège des émotions. Le corps éthérique est davantage le siège des visions et des sensations. Nous rayonnons. Une plante est entourée de son aura, les photographies Kirlian le montrent. Le corps physique est un véhicule qui se déplace dans le monde physique ; le corps éthérique est un véhicule qui se déplace dans le monde éthérique. La conscience pourrait être qualifiée de magnétique ou d'électrique. Peu à peu, des appareils deviennent capables de capter ce rayonnement.

Si le corps contient les émotions, il contient également l'imagination : il ressent, ou non, les messages envoyés par le cerveau. Le corps astral réagit et se déplace très vite. Objets et murs ne sont plus des obstacles, la matière traverse la matière. Le corps astral équivaut à un courant d'eau dans la mer, *mobilis in mobile*... « La conscience a conscience d'elle-même » et crée la réalité.

Alexandra David-Neel[8] a exploré le Tibet au siècle dernier et y est devenue lama. Elle a évoqué le *tulpa*, entité créée par un acte d'imagination, qui s'incarne, se charge et devient vivant.

On peut comparer ce mécanisme à l'élaboration de personnages par les écrivains. Tintin, Frankenstein, Robinson Crusoë, Scarlet O'Hara, Astérix, Sherlock Holmes, Hercule Poirot, le comte de Monte-Cristo, D'Artagnan, Madame Bovary, Zorro, Batman, le capitaine Crochet, Pinocchio, Blanche-Neige et les Sept Nains,

8. Alexandra David-Neel est l'auteur de nombreux ouvrages, parmi lesquels *Les Enseignements secrets*, Éditions Adyar, 1988, et *Textes tibétains inédits*, Pygmalion, 1977.

Schéhérazade, Aladin, Don Quichotte, Alice, Mowgli, Mickey, Roméo et Juliette, et tant d'autres, ont plus d'impact que les rois du passé.

Alexandra David-Neel commença par créer son *tulpa*, une projection de l'esprit, sous l'aspect d'un petit moine. Elle le visualisa, lui prêta une apparence et des caractéristiques psychologiques. Il commença à développer sa personnalité et resta un temps dans sa tête.

Avec la pratique de la méditation, Alexandra David-Neel devint capable de le voir à l'extérieur d'elle-même. Puis, après quelques semaines, il devint quasiment objectif et réel.

Nous nous trouvons ici à la frontière de la réalité et de la religion. Il est clair qu'il s'agit d'une hallucination créée. Mais la question est de savoir ce que produit cette hallucination, et si l'être créé développe sa propre réalité, qui interfère avec la réalité habituelle. Certains peuples, Tibétains, Africains, Amérindiens, Aborigènes et... Européens, n'ont pas toujours établi de distinction entre connaissance et croyance.

Un psychiatre qualifierait ce phénomène de psychose, de décompensation ou d'hallucination. Cependant, dans la spiritualité, la concentration produit une force, d'où l'importance de bien choisir ses pensées et ses intentions. Telle est la puissance des miracles.

Au début, Alexandra David-Neel pouvait convoquer son *tulpa* aussi souvent qu'elle le désirait. Par la suite, ce moine se mit à apparaître même lorsqu'elle ne le souhaitait pas, au point que cette présence amicale devint parfois désagréable. Et les autres moines, à qui elle n'avait pas fait part de son expérience, commencèrent à se plaindre d'un étranger qui les perturbait... Autosuggestion ou réalité mystique ? Captaient-ils son inconscient ? Le voyaient-ils ? A chacun d'en juger.

Pour ma part, je déconseille de créer un esprit. Il est plus sage de se fier à son ange gardien, ou, plus humainement, de ressentir la protection d'un proche décédé. Nos grands-parents sont plus accessibles que des êtres incontrôlables...

Vous pouvez toutefois utiliser cette technique en créant non un esprit, mais un double de vous-même, bienveillant, comme une visualisation dans un miroir imaginaire.

Si vous vous focalisez sur votre ange gardien ou sur un disparu, celui-ci deviendra réel. On a trop tendance à considérer que ces fruits de l'imagination sont absurdes et sans valeur ; c'est oublier que même ce qui existe, créé de mains humaines, a d'abord été le fruit des concepts de l'imagination.

Influençons-nous la Création ? Débat théologique. A échelle infime, sans doute. Ce sur quoi on se focalise se développe. Une différence naîtra entre l'esprit appelé par vous et votre corps astral. Il s'agit d'un exercice de concentration de vos forces. Vous sentirez ces différences et pourrez rendre vivant votre double.

En chemin, il est possible que vous sortiez de votre corps, au moins en conscience. A ce stade, vous rencontrerez de nouvelles satisfactions ; l'atteinte du bien-être sera plus rapide. Par la suite, ce double amical deviendra votre conseiller. N'ayez pas peur de perdre le contact avec la réalité, car cela ne se produira pas ; au contraire, vous multiplierez les échanges entre réalité matérielle et réalité spirituelle.

Si vous créez un être complètement différent de vous, n'oubliez pas qu'il vous sera lié : vous en êtes le maître, car vous êtes à la fois dans le monde physique, matériel et spirituel, alors qu'il n'existe que dans le monde astral.

Combien de temps ce double va-t-il apparaître semblable au corps physique ? C'est un faux problème, dans la mesure où nous sommes dans un monde de représentation, naturellement distordu. Une part de subjectivité va déformer cette réalité. Par exemple, une personne mince peut avoir d'elle-même une image mentale grosse. L'image mentale n'est pas objective.

Jean-Pierre, un étudiant, fut étonné de découvrir que ce qu'il vivait ne correspondait pas à ce qu'il avait lu. Il s'était fabriqué une représentation, et son expérience, quoique formidable, ne semblait plus assez mystérieuse.

« Je voyais bien des paysages avec des couleurs différentes, mais je fus surtout frappé par leur aspect ordinaire. Je réalisai que j'avais imaginé l'astral comme un royaume de contes de fées... Après quelques jours de relative déception, j'en déduisis que c'était mieux ainsi. Mon goût pour la fantasmagorie pouvait trouver à se repaître de films et de romans, mais n'avait pas sa place dans ma spiritualité. »

C'est dans ce corps, dans ce double, que l'on peut vous apercevoir, lors de vos déplacements. Vous devenez visible pour certaines personnes, notamment en train de rêver ou de méditer. Cela explique pourquoi des proches vous apparaissent sous des aspects inattendus, et pourquoi des personnes disparues semblent plus jeunes qu'elles ne l'étaient au moment de leur mort.

Exercice de la traversée

Symboliquement, vous remontez le temps et traversez, dans l'autre sens, le ventre de votre mère[9]. Vous

---

9. Le lecteur intéressé trouvera d'autres exercices dans mes ouvrages *Retrouvez vous-même vos vies antérieures* (L'Age du Verseau/J'ai Lu), et *Comment sortir de son corps* (Presses Pocket).

allez explorer le royaume des possibilités. Commencez par vous rendre, en visualisation, près d'une rivière agréable. Sur chaque rive, installez vos amis actuels, les lieux que vous fréquentez, vos objets familiers.

Vous embarquez dans un bateau à moteur et remontez le cours de la rivière. Au fur et à mesure, sur la berge, vous découvrez les gens, les lieux et les objets que vous avez connus dans les années précédentes. La rivière devient le symbole du temps qui passe, et qui garde le passé vivant. Prenez plaisir à imaginer les détails, les fleurs, les odeurs. Souvenez-vous de la voix des amis perdus de vue, des voisins, etc. Votre corps rapetisse, pour retrouver la taille qu'il avait réellement autrefois. Par exemple, visualisez-vous sur le bateau lorsque vous aviez onze ans, et que vos amis étaient des adolescents ou des enfants.

Au bout de la rivière, vous trouvez la source. Votre corps est minuscule : c'est un embryon, un point, qui devient invisible.

Voici la trame d'un texte adaptable :

« J'arrive à la source de moi-même. Lorsque mon corps a presque disparu et est redevenu un spermatozoïde fécondant l'ovule, j'ai conservé ma conscience. Je rencontre un esprit, une émanation de la nature. Cet esprit a une apparence humaine, ses yeux brillent beaucoup. Il sait tout de moi...

« Je me trouve sur une montagne que j'escalade, poussé par les vents... Je continue, poussé par les nuages, devenant moi-même nuage. Je prends le temps de ressentir ce que c'est qu'être un nuage...

« Je me transforme en pluie. Je prends le temps de ressentir la pluie, mon corps est composé de milliers de gouttes... et je coule de nouveau dans la montagne, je redeviens rivière...

« Simple cellule, je repasse de l'autre côté de la vie. J'escalade la montagne et je suis la neige, la tempête de neige qui devient nuage de neige... J'éprouve longuement la sensation de neige... Mon corps est composé de milliers de flocons... Je suis ce foisonnement...

« Je redescends et je fonds, je coule avec la rivière, je redeviens liquide... Je m'évapore sous l'effet d'une forte chaleur... Je deviens cet air brûlant, cette humidité à peine perceptible...

« Étant cette infime humidité, je roule comme une boule de feu qui se déplace vers l'infini... reviens à l'intérieur d'un corps, et plane...

« Et je deviens ce qui plane, sans forme ni nom, enfermé dans rien. Je suis cette conscience qui se déplace au-dessus du sable, au-dessus de la mer, au-dessus des forêts, au-dessus des montagnes... Je suis cette conscience de la rivière ; je suis cette conscience du liquide, du liquide qui entoure le fœtus, qui grandit jusqu'à jaillir à la lumière et continuer sa croissance... »

Vous pouvez enregistrer ce texte, soit à la première personne, soit à la deuxième personne du singulier. Prenez une voix chaude, lente, douce. N'ayez pas peur de répéter des phrases. Rajoutez des images et suggérez des sensations qui vous conviennent.

Débutez par quelques minutes de relaxation en espaçant vos phrases, puis laissez l'exercice se dérouler. Après avoir parlé, achevez l'enregistrement de la bande avec de la musique douce, de la musique de relaxation ou éventuellement de la musique classique, si elle vous inspire.

Après de nombreux essais

Si vous avez le sentiment de faire du surplace, vérifiez que vous n'avez négligé aucune étape. Vérifiez également les points importants. Continuez par le plus facile, et survolez d'autres exercices. Par exemple, si vous avez du mal à visualiser, mais que vous ressentez bien, commencez par les sensations, et demandez à votre inconscient de vous fournir des images au fur et à mesure. Laissez les sensations ranimer images et sons, etc.

En cas de blocage émotionnel, ne vous découragez pas, votre pratique sera bénéfique. Soyez prêt, gagnez du terrain, notamment en pratiquant l'extension de conscience, la vision à distance, le dialogue avec votre esprit inconscient.

Le « bas astral »

Pour progresser, libérez-vous des vieilles idées sur le monde astral. Inévitablement, au cours d'une recherche spirituelle, on se trouve confronté à des difficultés, des doutes, des angoisses. Vous serez amené à traverser des zones considérées comme le « bas astral », peuplées de monstres, où se déroulent des événements déplaisants. Ne vous démoralisez pas, cette rencontre est un signe de progrès : vous êtes prêt à affronter de nouvelles dimensions.

Le monde astral n'a aucun pouvoir de vous nuire. Il s'agit d'un monde de représentations, comme le nôtre, mais différent. Profitez-en pour apprendre à lutter, à vous défendre, à attaquer, et, mieux encore, à apprivoiser les forces hostiles. Celles-ci ne se présentent que pour votre évolution, comme un sportif rencontre des adversaires à sa taille au fur et à mesure de ses progrès. Pendant vos recherches, restez intégré dans la réalité courante. La spiritualité n'est qu'une dimension parmi d'autres, essentielle sans doute, mais qui ne doit pas vous empêcher de vivre une vie sociale.

On imagine volontiers que l'inconnu est dangereux. C'est pourquoi il est important de se familiariser avec les exercices d'aller et de retour, pour éviter cet écueil. En ayant des aperçus de l'astral, vous réduisez les peurs et vous approfondissez vos connaissances.

La littérature du XIXe siècle a abondamment décrit des univers bizarres, peuplés d'entités, d'élémentaux, de larves, de coquilles vides... Effrayer les gens, leur faire croire qu'ils ne pourront pas vivre des expériences, est une technique de pouvoir, destinée à le conserver pour soi. Des mondains ont créé des jeux avec les esprits des disparus et ont suscité des communications fantaisistes.

Par chance, la plupart des chercheurs et des médiums sont des gens sincères, qui désirent vraiment aider leur prochain. Aujourd'hui, il n'est pas nécessaire d'inventer des angoisses ou des terreurs. Le monde astral est un monde, avec ses lois, ses dangers et ses chances. Vous y croiserez ce qui existe, et ce que vous pouvez percevoir. Une mise à l'épreuve vous renforcera. Imagine-t-on un explorateur ou un chevalier partant sans aucune préparation ? Non. Mais, dans le domaine spirituel, s'il est vrai que la grâce advient quelquefois, il est nécessaire de s'entraîner. Vous rencontrerez quelques dangers, des animaux, des humains, des êtres curieux, des monstres... Et cela durera tant que vous ne les intégrerez pas, par le combat, puis l'acceptation.

La surprise de rencontrer des êtres différents n'est pas plus grande que celle de nos ancêtres découvrant les kangourous ou les tamanoirs, etc. Imaginons un extraterrestre rencontrant, voilà des millions d'années, un dinosaure... Fascinante est la créativité de la Création.

Faire face aux entités négatives

Au départ, nous n'y sommes guère confrontés, car nous évoluons dans le monde éthérique. Les rencontres sont souvent floues, indistinctes, même si les sensations restent liées à la nature humaine ; on capte en permanence, en ville, dans la forêt, ou ailleurs. Certaines images inhabituelles sont impressionnantes. Ce sont des « monstres de papier ». Elles se présentent pour vous proposer d'intégrer leur force. Elles peuvent déclencher la panique, comme les dragons, les ogres des contes, mais sans vraiment vous atteindre. Souvenez-vous : attaquez, défendez-vous, appelez à l'aide, apprivoisez-les. Ne fuyez que si faire face est impossible. Pénétrez à l'intérieur du danger. Les entités négatives deviendront des forces qui s'assimileront à la vôtre. Vous verrez votre ennemi se transformer ou disparaître.

Considérez que ce monde astral devient une représentation de votre monde intérieur. Saisissez la chance de canaliser votre part d'ombre ; en vous renforçant, vous vous renforcez également dans la réalité physique.

Après plusieurs mois, vous ne redouterez plus la mort ; vous reconnaîtrez le danger et resterez plus calme. D'un certain point de vue, la réalité terrestre est une apparence, votre force impalpable subsiste à travers les siècles.

Félicitez-vous donc quand se présentent des images négatives : c'est le moment de les transformer. En affrontant ces plans, ces entités, vous aurez la possibilité de découvrir des mondes beaucoup plus agréables. Dès que les gardiens de l'au-delà seront convaincus de votre désir, ils vous laisseront passer.

Les gardiens du seuil

La plupart des plans astraux, découverts au cours de vos voyages, préexistent, indépendants de la volonté ou de l'imagination, comme l'univers est présent en permanence, que l'on y pense ou pas. Une partie est autocréée lors de vos déplacements. Comme il s'agit d'un univers émotionnel et énergétique, certains déplacements dépendront de vos désirs, de vos peurs, de vos envies, de vos attachements, de vos craintes.

Votre esprit inconscient aura une influence déterminante, dans la mesure où il s'agit d'un monde à mi-chemin entre la matière visible et la matière invisible. L'expérience dépend des croyances de l'observateur, exactement comme en physique. La pratique l'a démontré : les découvertes scientifiques sont à la mesure de ce que l'on en attend. Il en va de même, bien entendu, et plus encore, dans le domaine psychologique et spirituel.

Les exercices de contact et de programmation de votre esprit inconscient vous ouvriront certains plans. Mais d'autres sont gardés. A l'entrée se trouvent soit des gardiens, soit des portes qui, souvent, ont une forme symbolique ; elles peuvent être rondes, triangulaires, carrées, ovales ou en forme de croissant. Que faire ? Leur dimension n'a guère d'importance, puisque vous vous adaptez à toute forme, toute épaisseur, tout volume. Si la porte est petite et ronde, vous prendrez cette forme.

Traverser les portes

Vous êtes aidé par le *prana* (le souffle cosmique), qui vous attire vers ces portes ; vous accélérez soudain et vous les traversez. Vous êtes entraîné par le vent, vous redevenez la structure de l'énergie. L'expérience est fascinante : vous fondez dans l'essence des choses. Vous comprenez la signification de l'air, du feu, du terme « buisson ardent » ; c'est l'extase. C'est depuis cette source d'énergie que les prêtres du temps jadis, les mages de l'Antiquité agissaient à distance, comme les magnétiseurs contemporains.

Dès qu'une porte se présente, franchissez-la, explorez un nouveau royaume. La curiosité est la qualité première de l'observateur.

Vous pouvez aussi tracer des dessins de ces portes, avec des couleurs différentes selon leur forme : rondes, triangulaires, ovales, carrées, en croissant, en losange... Dessinez sur des feuilles distinctes, des cartons de bristol blanc, par exemple. Utilisez de grandes feuilles pour votre domicile et de petits cartons à emporter. Méditez en les utilisant comme *mandalas*, jusqu'à ce qu'ils vous soient devenus familiers, que vous avez l'impression qu'ils vous « aspirent ». Focalisez votre conscience : seule existe la couleur, perdez-vous en elle, effacez l'univers.

Utilisez des feutres fluorescents ou brillants, de la peinture à l'huile, de la gouache ou des crayons de couleur. Les feutres ordinaires ne donnent pas d'aussi bons résultats, sauf les couleurs intenses. Les feutres-pinceaux sont parfaits. Si vous vous trouvez peu doué, découpez des formes dans des magazines, ou demandez à un ami de vous aider. Colorez l'intérieur des figures géométriques en jaune, en vert, en rose, en mauve. Testez les autres couleurs.

Une fois vos pupilles imprégnées de ces symboles, détendez-vous, et retournez ceux-ci sur le côté blanc. Cherchez à voir le symbole (face cachée) à travers le papier. Ensuite, fermez les yeux et visualisez cette couleur et cette forme à l'intérieur de vos pupilles, de votre cerveau ; puis déplacez-la dans votre corps, comme vous l'avez fait au cours des exercices d'expansion. Que cette couleur soit une représentation de l'énergie en vous.

Laissez ce symbole devenir l'entrée d'un tunnel qui conduit à un autre monde, et traversez-le. A l'intérieur de ce tunnel, vous découvrez d'autres portes, vous les franchissez. Ce tunnel est une représentation mentale qui donne accès aux souvenirs inconscients. Vous avez des chances de rencontrer des gardiens et des guides. Ils se présentent parfois sous une apparence sévère... Une fois amadoués, ils vous soutiennent considérablement. Bien entendu, vous avez pris la précaution de laisser votre corps physique dans une position agréable, sans qu'il ait froid, ou sans qu'il soit gêné.

Au bout d'un certain temps, vous découvrez une route de lumière, un fleuve de couleurs, une rivière dont l'eau est parfaitement colorée ; vous êtes à l'intérieur de cette rivière ; vous n'avez pas une forme définie ; vous ressemblez à l'eau ; vous faites partie de cette eau qui coule. Votre corps devient liquide. Appréciez ces sensations apaisantes.

Cette eau est de la couleur de la porte que vous avez franchie. Votre nom résonne, sa vibration vous emplit. Vous pouvez vivre l'expérience étonnante de vous trouver à l'intérieur de votre propre nom. Il devient liquide, votre identité est liquide, colorée, protéiforme, et pourtant vous ne vous perdez jamais, vous gardez toujours conscience de vous. Votre nom devient un véritable passeport, un mot de passe. Vous l'utiliserez dans les exercices de recentrage ou de médiation, en le prononçant chaleureusement, plusieurs fois. Si vous aimez chanter, ne vous privez pas, chantez votre nom, imprégnez-vous de lui, de votre identité, écoutez-le vibrer dans vos membres, dans vos poumons, dans votre ventre, dans vos fibres.

Votre perception du monde s'élargit : des personnes vivent autour de vous, vous traversez des lieux, vous vous fondez dans l'univers. Tout cela, vous le sentez de manière extrasensorielle. Et dans le même temps, vous vous identifiez à cette vibration dont vous êtes distinct. Vous éprouvez dans votre chair un sentiment océanique, d'appartenance au monde extérieur et de singularité absolue. Cette expérience se rapproche de celle éprouvée par un mystique, qui fusionne en Dieu et garde cependant son individualité.

Maintenant, imaginez un instant que vous êtes une note de musique : le son d'une cloche, d'une cymbale, d'un tambourin ou, à défaut, la tonalité du téléphone (qui était jadis le *la*, mais qui ne l'est plus guère). Ce son, c'est vous. Devenez un son, étendez-vous sans frontière, déplacez très loin vos limites. Suivez ce son. Il monte dans le ciel, court sur la terre, s'étend à l'infini. Votre conscience, c'est ce son, qui s'élargit comme des ronds dans l'eau.

Autre avantage de cet exercice : il renforce votre protection. En évoluant dans votre propre vibration, vous vous déplacez dans l'espace, vous intensifiez votre aura, votre énergie se recentre. Une fois maîtrisée, vous ajouterez cette perception du son aux exercices de déplacement des sens. Entendez la vibration dans votre corps, puis à l'extérieur. Attendez plusieurs semaines d'entraînement avant d'en tirer des conclusions. En devenant vibration, vous communiquez avec la vibration universelle, l'essence de la matière, et entrez en relation avec l'astral.

Les expériences avec les couleurs vous font entrer de plain-pied dans la structure du monde astral, la lumière vous y attire magnétiquement, la conscience et la vibration deviennent des métaphores qui fonctionnent comme votre cerveau.

La prière, voie de la simplicité

La prière reste souveraine. En cas de problème, dites un mantra ou une simple phrase : « Seigneur, protège-moi. » Les manifestations du « bas astral » disparaîtront lorsque vous vous allierez aux forces hostiles. Apprivoisez-les. C'est la méthode la plus rapide. Au judo, par exemple, vous ajoutez la force de l'adversaire à la vôtre, au lieu de vous y opposer. Chaque force négative dissimule un pouvoir qui peut être à votre service. Recherchez la chance derrière l'hostilité. Et veillez à conserver votre intégrité. Vous êtes capable de vivre tous les aspects de la condition humaine.

Les personnes intéressées par le développement personnel peuvent considérer que toute manifestation extérieure rencontrée, quelle qu'elle soit, est l'équivalent d'une manifestation intérieure. Le monde fait écho à vos pensées, les attire ou les crée parfois. Réfléchissez à ce qui, en vous, ne vous plaît pas, ou vous gêne. Rédigez la liste de vos défauts. Pour chacun d'entre eux, créez une image. Si ce défaut était une chose, si ce défaut était un être, si ce défaut était un monstre, si c'était quelque chose de ce genre, à quoi ressemblerait-il ?

Une fois chaque défaut visualisé, négociez avec lui, trouvez l'enseignement qu'il contient. Faites l'exercice dans cet ordre. Examinez attentivement ce qu'il vous a apporté, les moments difficiles où ce trait de caractère vous a aidé. Sa puissance négative se transforme en énergie créatrice. Ces défauts, ces manques, ces erreurs, ces pulsions, sont une nourriture de croissance personnelle.

Le mouvement immobile

Asseyez-vous ou allongez-vous dans la pénombre, les yeux fermés. Imaginez-vous en train de lever les bras, sans bouger. Sentez vos bras qui se lèvent, alors que vos bras physiques restent posés sur le fauteuil ou sur votre cuisse. Au bout de quelques minutes, ressentez de plus en plus vos bras en train de se lever. Vous dissociez le physique des sensations.

Votre corps astral devient plus intense, comme un souffle autour de votre corps physique, un peu comme si vous étiez enveloppé par un double plus léger, de même que la Terre est entourée de l'atmosphère.

Imaginez maintenant que vous tournez la tête, en restant immobile. Que voyez-vous sur le côté (sans regarder avec vos yeux physiques, qui restent fermés) ?

Imaginez que vous croisez les jambes : ressentez les sensations sur les mollets, les tiraillements, l'ankylose...

En visualisation, levez-vous, allez vers la fenêtre. Sentez le poids de votre corps sur le sol.

Cet exercice, d'une durée de quinze à trente minutes, est magique. Le principe est d'autoriser vos sensations à se passer du corps physique pour ressentir.

Maîtrise des peurs conscientes et inconscientes

Il est dangereux d'éliminer la peur. Mieux vaut la conserver pour les circonstances où elle se révèle indispensable. La peur, comme l'angoisse, la colère, l'agressivité, est liée à la survie. Elle assure votre protection en prévenant les dangers. Vouloir la supprimer, c'est risquer de la renforcer. Menacé dans sa survie, votre inconscient sabotera les tentatives non écologiques dans les six mois.

En revanche, vous pouvez la maîtriser grâce aux exercices suivants, qui donnent confiance et rassurent. Connaissance et pratique sont les antidotes de la peur, souvent infondée.

• Peur de perdre le contact avec la réalité ? Au contraire, de telles expériences enracinent, affinent les perceptions, vous mettent davantage en contact avec le monde, élargissent votre vision de la vie, développent votre intuition et votre créativité. Ces expériences facilitent l'évolution spirituelle et favorisent la rencontre de personnes ayant les mêmes orientations que les vôtres.

• Peur d'être malade ? Au contraire, le contact avec soi-même, avec son âme, les exercices de relaxation, d'hypnose, de circulation d'énergie, améliorent la santé. De toute façon, les périodes de maladie ou les accidents favorisent la sortie du corps. Lorsqu'on est malheureux, lorsque la réalité est opprimante, ou quand la douleur est trop vive, on se réfugie dans ses rêves ou dans ses pensées. La conscience s'échappe du corps physique et se dissocie, pour rendre la situation tolérable. Des personnes soumises à des souffrances ont trouvé une force fabuleuse dans la transfiguration.

Ces mécanismes se retrouvent lors des expériences aux frontières de la mort. Très souvent, le corps astral sort du corps physique. Le cerveau libère des substances euphorisantes pour apaiser la douleur. Des visions se produisent. Le dédoublement, comme les autres états de transe, a des effets bénéfiques, principalement pour deux raisons : tout d'abord, ces expériences développent une profonde relaxation physique et permettent au cerveau de créer une nouvelle métaphore de vie, en puisant des images fertiles dans l'inconscient. Les exercices de détente, de respiration, sont bienvenus dans le quotidien. D'autre part, elles facilitent la transformation des parties obscures ou méconnues. Le dédoubleur se sent plus à l'aise dans sa peau, dont il n'est pas prisonnier. Subsiste, au retour, la merveilleuse certitude que l'esprit guide la matière, qu'il existe un aspect de soi qui ne meurt jamais.

Le vrai danger serait de se couper de la réalité, des amis, de son travail. Les expériences spirituelles n'ont guère de portée si elles demeurent sans incidence sur la vie quotidienne. Certains s'investissent totalement dans le sport, les jeux vidéo, ou telle autre passion. Cela ne dure qu'un temps. Après la fascination, l'exaltation, vient l'heure de la moisson. Cependant, pour les personnes malades, hospitalisées, handicapées ou assaillies de problèmes, la sortie du corps est une excellente échappatoire, mais non une panacée durable. L'idéal est d'approfondir les techniques de guérison et de communication à distance.

- Peur de s'épuiser ? Au contraire, en dialoguant avec votre âme, en vous entraînant à rayonner, vous disposerez de beaucoup plus d'énergie. Celle-ci s'éteint lorsqu'elle stagne, et augmente lorsqu'on s'en sert. La sortie du corps n'entraîne pas de dépense d'énergie. La plupart du temps, elle agit plutôt comme un « rechargement » des accumulateurs.

- Peur de devenir fou ? Au contraire, c'est en luttant contre des forces intérieures que vous risquez de devenir fou. En acceptant les différents aspects de votre personnalité, y compris les aspects invisibles, vous facilitez l'intégration et l'harmonisation. Se situer dans la perspective d'un temps éternel relativise également nombre de difficultés courantes.

- Peur de mourir ? Jamais personne n'est mort d'une sortie du corps. On ne meurt que dans la vie physique, de maladie ou par la faute des autres humains (accidents, guerres, crimes). On ne meurt pas dans la vie spirituelle. L'expansion de conscience amenuise la peur de mourir. Le corps redoute l'inconnu ; l'âme est confiante.

• Peur d'être différent ? Pourquoi faudrait-il suivre les désirs des foules, s'ils ne vous correspondent pas ? Vous êtes un être unique, votre destin est unique, vous vous devez de vous respecter, de tout mettre en œuvre pour votre épanouissement. Si vous ne vivez pas votre différence, qui la vivra ? Par ailleurs, vous pouvez arrêter vos recherches, provisoirement ou définitivement, si elles ne vous conviennent pas.

Émotions, sexualité et voyage astral

Les émotions sont des éveils d'énergie, subtils ou violents, dans le cerveau et le reste du corps. Lors d'un stimulus extérieur ou intérieur, une réaction chimique se déclenche. Le temps nécessaire pour qu'une émotion se diffuse dans votre corps varie de trois à sept secondes. Cela signifie que vous disposez d'un délai de trois secondes pour réguler votre respiration. Lorsqu'une émotion vous envahit, expirez longuement, lentement, tout en laissant votre corps énergétique, que vous visualisez sous l'aspect d'une forme lumineuse, se diffuser autour de vous ou jaillir hors de votre corps.

Comme dans les rêves, des moments sensuels surviennent dans l'astral. Cela facilite la fusion avec une âme aimée. Notre cerveau traduit l'amour en sentiment dans le cœur, en acte sexuel, en désir chaleureux. Des représentations créeront les images correspondantes sur les autres plans. Si d'aventure vous vous surprenez à faire l'amour, ne vous condamnez pas. Cette manifestation traduit l'amplitude de votre âme en train d'harmoniser les énergies *yin* et *yang*, la force masculine et la force féminine. Profitez de cette étape enrichissante. Qu'on le veuille ou non, cela se produit. Autant l'accepter. Considérez qu'il s'agit d'un symbole. Lorsque vous serez libéré du corps physique, cet amour se traduira en attirance platonique pour le rayonnement de quelqu'un.

Dédoublement et vie extraterrestre

Des descriptions ont été faites, d'après des expériences hors du corps, de civilisations étonnantes se développant sur Mars ou sur Vénus ; certains sont même allés jusqu'à en déduire qu'il existe des êtres vivant sur la Lune. Soyons clair : ce sont des fantasmes. Ces explorateurs se sont trompés, mais ce qu'ils ont vu se situe peut-être dans un lointain espace intersidéral.

Carl Gustav Jung a évoqué des personnages quasi humains, des humanoïdes vivant sans avoir besoin de se nourrir ni de respirer. L'Anglais George Adamski prétendait, vers 1950, avoir rencontré un Vénusien et l'avoir suivi dans sa soucoupe volante. Adamski décrivit la face cachée de la Lune, avec ses rivières et ses routes ; par la suite, il s'avéra qu'il n'y avait ni routes, ni rivières, mais des cratères, un paysage assailli de météores, désertique. Cependant, une certaine illusion d'optique, à distance, explique la confusion des descriptions. Ainsi, sur Mars, d'anciens canaux et des cratères peuvent évoquer des routes.

Le corps éthérique a tendance à voir ce qu'il s'attend à voir. On touche là un problème presque insoluble : pour assimiler une expérience, notre cerveau la classe dans une catégorie déjà connue. Pendant des siècles, il a été inconcevable d'envisager une existence extraterrestre. Aujourd'hui, elle semble presque aller de soi. Gageons que nos conceptions du voyage astral évolueront à l'identique.

TROISIÈME PARTIE

TECHNIQUES D'APPROFONDISSEMENT

Diverses positions physiques

En cas de choc physique ou émotionnel, vous risquez de vous dédoubler assis ou debout. Cependant, pour vous entraîner, la position allongée, qui réduit les risques de crampe, est idéale. Utilisez un oreiller très mince, sauf en cas de douleur. La position en tailleur est difficile à tenir pendant une séance entière.

Sur le dos, laissez vos bras le long de votre corps, paumes ouvertes, jambes légèrement écartées.

Ne vous positionnez sur le ventre que si vous ne pouvez pas rester sur le dos, et sur le côté que si c'est la positon que vous adoptez pour vous endormir.

La position en chien de fusil est déconseillée. Elle provoque une oppression de la respiration et génère des tensions internes. Toutefois, si cette position vous convient, adoptez-la pour commencer votre relaxation ; après quelques minutes, allongez vos membres.

La position debout est également déconseillée : vous risqueriez de tomber et de vous blesser. S'il vous arrive de vous dédoubler au travail ou dans la rue, lisez le passage expliquant les techniques pour ne pas sortir (page 203). Évitez absolument d'être victime de ces phénomènes. Ne vous mettez en aucun cas en danger.

Méthode du vertige

Toutes les petites filles et les petits garçons se sont amusé à tourner sur eux-mêmes, comme des toupies, pour s'enivrer. Quant aux derviches, ils recherchent l'état mystique en tournoyant rituellement. La valse provoque elle aussi l'allégresse et peut donner un aperçu des sensations espérées lors des états de conscience alternés.

Inutile de préciser que cette technique se pratique en plein air ou dans un endroit aéré, sans obstacles. Elle est déconseillée au débutant. Faites-vous accompagner, de préférence par un habitué de ces phénomènes. Prévoyez un matelas de mousse ou une couverture pour vous allonger. Placez un traversin sous le matelas, au niveau des pieds, afin que le sang afflue vers la tête lorsque vous vous coucherez.

Tout d'abord, concentrez votre attention sur votre propre squelette. Consacrez-y au moins vingt minutes. Puis pensez à votre colonne vertébrale, lentement, en comptant chacune de vos vertèbres. Sentez votre peau, votre crâne, votre langue, vos gencives, votre palais, votre estomac, etc. Demandez à votre inconscient de veiller sur vous pendant ce voyage.

Ensuite, levez-vous très lentement, commencez à tourner, au ralenti. Assurez le contact des pieds sur le sol. Reliez le ciel et la terre. Vous pouvez ressentir des picotements : la chair s'anime, les cellules s'éveillent en vous, comme les étoiles au firmament. Observez-vous de l'extérieur, en sortie de conscience, sans ouvrir les yeux (d'où l'importance d'être accompagné), ces myriades d'étoiles scintillant sur votre corps.

Une forte chaleur, un engourdissement, sont également des signes positifs. Vous pouvez même avoir l'impression que certaines parties de votre corps ont disparu. Votre conscience est mobilisée à d'autres tâches. Portez votre attention sur l'absence. Ce n'est pas aussi difficile qu'on pourrait le croire : les membres s'effacent, les sensations s'évanouissent, vous disparaissez, vous fondez dans une présence ténue, imperceptible. Vous devenez une cellule, un atome tournoyant dans l'air.

La logique des états de conscience modifiée est bien différente de la logique usuelle. Lorsque notre hémisphère droit devient le centre principal d'appréhension du monde, de nouvelles évidences se font jour ; ce qui semblait incohérent devient simple. Cet hémisphère donne accès au monde du symbole et de l'analogie. Ainsi, la chaleur physique conduit sur des plans de lumière intense. Le fait de ne pas ressentir ses membres peut déclencher une sortie du corps.

Concentrez la conscience non dans la tête (le mental risquerait de faire capoter l'expérience), mais sur la poitrine, sous l'aspect d'un atome ou d'une petite lueur bleue. Laissez celle-ci s'élever au-dessus de la poitrine, d'abord à cinq centimètres, puis flotter à dix, vingt, cinquante centimètres, voire plusieurs mètres... Suivez son parcours très loin, devenez cette lueur surplombant la terre. Soyez la flamme qui éclaire les paysages lointains ou les époques révolues.

Pour fascinants que soient ces instants, ils sont relativement courants lors des relaxations. Des milliers de personnes les vivent chaque jour dans nos pays.

Avec l'entraînement, vous pourrez peut-être ressentir la *kundalini*[1], une sorte de « serpent » brûlant qui semble

1. Mot sanscrit représentant l'énergie mystique jaillissant hors du corps de l'homme. (Voir aussi *shakti*, page 45.)

s'enrouler (plus ou moins brusquement) vers la tête et s'échapper par le crâne.

Accompagnez ce mouvement en visualisant vivement votre énergie jaillissant hors de votre corps et planant dans la pièce, à plus de deux mètres. Regardez votre corps physique un instant et montez vers le ciel. « Que je vive le meilleur de ce que je puis vivre... »

Pendant environ trois à cinq minutes, tournez sur vous-même, d'abord lentement, puis plus rapidement. Ressentez l'énergie sortant de la terre à chaque fois que votre pied la frappe. Visualisez un tourbillon très large à sa base (deux ou trois fois la largeur de votre corps) qui s'amenuise vers le sommet. Vous vous trouvez à l'intérieur de ce tourbillon.

Par la **kundalini**

Cette méthode est réservée à des personnes possédant une solide expérience de perception des courants d'énergie en déplacement dans le corps.

Préparez-vous en focalisant votre attention sur la zone située entre votre nombril et votre colonne vertébrale. Concentrez toutes vos sensations dans votre coccyx, sentez sa forme, sa taille, sa couleur, ce qu'il vous dit, ce qu'il fait pour vous.

Étendez votre focalisation à votre bassin, surtout à vos os, puis dans votre colonne vertébrale. Sentez votre squelette, et notamment votre colonne, qui transmet la force et vous soutient. Que disent vos os, vos côtes, votre boîte crânienne ?

Sentez un serpent de feu qui monte vers votre nuque et se diffuse dans la totalité de votre crâne, pour se concentrer au-dessus, vers le septième *chakra*. Sentez le sommet de votre crâne brûler d'une chaleur intense, mais agréable.

Visualisez le feu autour de votre colonne vertébrale, puis autour de votre corps. Entourez-vous d'une couleur chaude et bienfaisante, qui ne consume pas.

Faites jaillir ce feu hors de vous-même, le plus loin possible. Il devient la monture de la conscience, qui s'échappe avec lui. Jaillissez comme l'éclair vers le ciel.

Méditations favorables

• Devant un cours d'eau (ou une piscine, ou la mer), absorbez-vous dans la contemplation du courant, du jeu des lumières, des reflets et des mouvements, sans regarder les rives. Laissez votre regard se perdre à la surface de l'eau (sauf quand le soleil s'y reflète) et devenir flou. Avant de commencer, visualisez des étendues sans limites, déserts de sable ou de neige, immenses forêts, océans, vastes prairies. Cela aide votre cerveau à forger des représentations. Sentez le moment où vos yeux se défocalisent dans une vision panoramique (c'est l'instant où vous regardez dans le vague).

• Dans une baignoire, laissez couler un très mince filet d'eau et portez votre attention sur l'endroit où il touche la surface de l'eau déjà écoulée. Ne mettez pas de bain moussant ! Vous devez pouvoir observer les mouvements de l'eau. L'écoulement goutte à goutte est également bénéfique : perdez votre regard dans les ronds provoqués par chaque goutte, absorbez-vous dans l'eau, étendez votre conscience à chaque fois qu'un rond est provoqué, devenez l'eau et le son. Selon votre humeur, un opéra ou de la musique en sourdine amplifie ces effets.

• Quand il pleut, à l'abri sur un banc, ou couvert d'un ciré, regardez devant vous sans rien fixer de précis. La pluie forme un rideau dans lequel votre regard se perd. Vous pouvez également fixer une flaque d'eau et les gouttes qui font des ronds dedans (le crachin breton est idéal). Laissez ce rideau aqueux devenir une masse compacte, puis tâchez de voir à travers. Imaginez que votre regard porte à cinquante mètres, à cent mètres, à deux, puis cinq cents mètres. Que distingue-t-il ?

• Quand il y a du brouillard, habituez-vous à le voir. Dans un endroit sûr, avancez lentement en vous efforçant de voir à un mètre, dix mètres, vingt mètres... Dans un premier temps, c'est bien le brouillard que vous voyez. Ensuite, regardez à travers, comme pour l'exercice précédent. Ne cherchez pas à deviner, laissez venir les images. Même si elles ne correspondent pas à la réalité objective, elles permettent d'épurer vos représentations internes.

• Devant un feu de cheminée, une bougie ou une petite lumière, laissez votre conscience devenir de la même matière que la chaleur, devenez lumière, adoptez le point de vue de la lumière. Si vous étiez lumière, que verriez-vous ? Que ressentiriez-vous ? Vous vous glissez dans les interstices, vous avancez à une vitesse prodigieuse, etc.

• Comptez de 1 à 20, puis de 20 à 1, d'abord au rythme de votre respiration, puis le plus lentement possible. Si vous perdez le fil, c'est bon signe. Inspirez-vous du texte suivant : « Au fur et à mesure que je m'avance vers le 2, ma conscience s'élargit, et ma conscience s'élargit encore comme je me rapproche du 3 ; maintenant ma conscience va s'élargir au moment où j'atteindrai le 4 ; ma conscience s'élargit quand je vais prononcer à voix haute 5 ; et je sens que ma conscience s'élargit comme je me rapproche du 6... » Ne craignez pas de répéter. La litanie facilite le changement de conscience. « Je commence par compter à voix haute, dit Marc, trente-deux ans, employé de banque. Pendant quelques minutes, je compte jusqu'à vingt, puis de vingt jusqu'à un. Je m'efforce d'acquérir une cadence régulière, pour continuer machinalement. Puis je compte mentalement. Ensuite, je charge mon esprit inconscient de continuer à compter, pendant que je concentre mon esprit conscient sur le souffle de ma poitrine, qui amène au fur et à mesure ma conscience vers l'extérieur. Je forme avec ce souffle une sphère d'énergie légère autour de moi. Je suis à la fois le souffle intérieur, et le souffle contenant le souffle. Puis je m'amuse à ramasser ma conscience en une petite boule brillante, et à la déplacer. Par la suite, mon corps astral devient cette sphère d'énergie légère... »

• Visualisez une petite perle bleue à l'intérieur de votre crâne, vers le haut de la tête. Choisissez un bleu pastel. Au début, visualisez-la de la taille d'une grosse tête d'épingle. Laissez-la évoluer à son rythme, grandir, se réduire. Amusez-vous, prenez plaisir à ce jeu intérieur. Avec l'expérience, cette perle bleue deviendra un écran de télévision contenant tout l'univers, dans lequel vous pourrez voir défiler des vies, pénétrer, et partager l'existence de votre âme. Beaucoup pensent que cette perle bleue est une visualisation de la glande pinéale, peut-être le siège du troisième œil, probablement plus actif dans les temps reculés, quand le cerveau de nos ancêtres ne distinguait guère monde extérieur et monde intérieur. En tout cas, cet exercice facilite les états visionnaires.

• Concentrez-vous sur les bruits internes de votre corps, de façon à ne plus entendre qu'un seul bruit, qui évoque un bourdonnement ou le chant des cigales. Écoutez votre respiration, votre cœur, votre pouls. Laissez votre conscience entrer à l'intérieur de votre corps, écoutez le bruit de vos organes. Imaginez le bruit que fait votre corps, pour un animal capable d'entendre les ultrasons. Cet exercice est plutôt de stade avancé, mais tentez-le néanmoins : vous pourriez avoir une bonne surprise.

Complications éventuelles : quelques douleurs physiques, qui disparaîtront avec l'entraînement. Il est très rare de ressentir des migraines, ou quelques tensions, qui témoignent surtout d'un manque de pratique. Nous allons voir comment y remédier.

Les tensions les plus fréquentes et leurs remèdes

• Tensions du visage : massez légèrement le visage en faisant des cercles, massez les oreilles, puis le crâne et le menton. Frôlez vos joues, sans les toucher, puis caressez-les. Peignez-vous avec la paume de la main.

• Douleur à la mâchoire : faites plusieurs mouvements lents d'ouverture de la mâchoire. Ouvrez la bouche et laissez s'échapper un son.

• Douleur à la tête : frictionnez-vous légèrement le cuir chevelu, en finissant par l'arrière.

• Yeux douloureux : massez-vous le pourtour des yeux et les tempes.

• Membres tendus ou mains crispées : reprenez les exercices de respiration, puis bâillez sans forcer. Vous pouvez aussi vous dégourdir les doigts en concentrant votre attention sur le contact avec le tissu du canapé, ou simplement en constatant la différence de température entre l'air et vos doigts.

Concentrez-vous sur les battements de votre cœur, portez votre attention sur les sensations de votre poitrine ; entendez votre respiration ; suivez l'air qui entre à l'intérieur de vos poumons ; puis concentrez votre conscience sur votre cœur, en restant attentif au rythme. Laissez votre cœur accélérer, puis diminuer de fréquence.

Une fois détendu, acceptez de plonger dans des sensations de chaleur qui gagnent vos chevilles, vos jambes, vos cuisses, votre bassin, remontent dans le dos, les poumons, les bras, les mains, les épaules, la tête... Jouez avec l'idée de percevoir les sensations de chaleur du corps. Ensuite, entourez votre corps d'une sensation de chaleur.

Une fois que la chaleur circule autour de votre corps, transformez cette sensation de chaleur en couleurs. Étendez cette sensation colorée jusqu'à trente ou quarante centimètres autour de votre corps. Amusez-vous quelques fois à l'augmenter et à la réduire, jusqu'à ce qu'elle se transforme en une petite boule d'énergie, que vous placez dans votre poitrine ou dans votre ventre. Cette énergie vivante se transforme en aura lorsqu'elle est en extension ; laissez-la s'étendre au-delà des frontières du corps.

Après plusieurs répétitions, laissez cette boule d'énergie jaillir hors de votre corps, d'abord dans la pièce, puis dans l'entrée, dans l'escalier, et pour finir à l'extérieur de l'immeuble. Visitez les lieux familiers, en acceptant l'expérience que vous êtes en train de vivre.

En libérant le cerveau, des apparitions ou des dialogues avec des disparus ou des entités non incarnées se produisent parfois. Développez votre discernement. Ces phénomènes sont naturels, étape indispensable du développement spirituel. En quoi permettent-ils le progrès ? Que vous apprennent-ils ? Quelle est leur force cachée ? Remerciez ces apparitions, exprimez votre gratitude pour l'enseignement reçu.

Pratique inconsciente puis consciente du voyage astral

En sortie de conscience, observez vos mains et vos pieds, comme si vous les regardiez de l'intérieur, pour mémoriser une référence sensorielle. L'image mentale ne correspond pas forcément à l'image physique. La réalité n'est pas réductible à notre vision. Il existe une substance du monde, une nature ultime de la vie qui n'est perçue qu'en état de conscience modifiée.

L'océan est peut-être une illusion, le poisson y évolue néanmoins. Nos ancêtres ont vécu dans l'idée que la Terre était le centre de l'univers ; aujourd'hui, nous sommes persuadés que celui-ci est infini. D'ici trois siècles, nos descendants auront découvert une explication inimaginable à ce jour.

Perception du **ki**

Même s'il s'agit d'une illusion, le monde est uni par le *ki*[2], cette formidable énergie, la respiration de la terre.

Voici un exercice avancé, que vous pouvez pratiquer lorsque vous connaissez bien votre respiration.

Allongez-vous sur le côté droit, en veillant à ne pas coincer votre main ou votre bras, pour éviter l'ankylose. Appuyez doucement le pouce et l'annulaire de votre main droite sur votre carotide. De la main gauche, bou-

2. *Ki* ou *Qui :* mot chinois désignant l'énergie subtile des êtres et de la vie.

chez-vous les narines. Sentez un début d'affolement et de chaos, puis le calme.

Les Tibétains recommandent cette technique qui oblige à respirer par la bouche et fait saliver. Ils considèrent qu'elle conduit rapidement à un état de transe.

N'ayez pas peur de suffoquer, cela ne se produira pas ; faites cet exercice durant cinq à dix minutes. Soyez doux et courtois avec vous-même.

Une autre méthode tibétaine recommande d'imaginer que vous êtes une divinité féminine (même si vous êtes un homme). Visualisez-vous à l'extérieur, comme si vous étiez cette divinité ; placez à l'intérieur de son centre la syllabe *aum*, d'une couleur rouge, lumineuse, comme si cette couleur était la matérialisation de la parole divine. Dans le même temps, placez en vous cette syllabe *aum*, et faites-la résonner.

Voici un exercice de double dissociation plus complexe qu'un jeu de poupées russes : une divinité féminine a élu domicile en vous ; à l'intérieur de cette divinité se trouve un *aum* qui est à la fois un son et une couleur. Autrement dit, votre conscience est à l'intérieur, et contient elle-même une conscience.

En vous concentrant sur le rayonnement du son, vous devenez votre propre miroir ; cette divinité extérieure devient votre miroir. Visualisez à l'intérieur de votre poitrine le son *aum* d'une couleur rouge, chaude, rayonnante.

Pratiquez cet exercice jusqu'à ce qu'il devienne familier, par périodes de quelques minutes, au maximum un quart d'heure.

Atteignez un autre état d'éveil : vous êtes rouge, en train de vous regarder dans un miroir imaginaire. Dans la gorge de cette divinité qui se trouve en vous se situe cette force rouge.

Puis visualisez un point, d'abord pastel, clair, presque transparent, légèrement teinté de bleu, comme l'eau, entre vos deux yeux. Laissez ce bleu grandir, devenir vaste comme le ciel... Et de nouveau, concentrez-vous sur votre troisième œil. Par la suite, fusionnez ces deux sphères rouges dans votre gorge et dans cette divinité.

Il ne faut pas activer un seul *chakra* pendant trop longtemps. Si vous souhaitez continuer, pensez aux autres *chakras*, déplacez votre conscience sur votre gorge, votre poitrine, votre ventre, votre bas ventre, votre colonne vertébrale, et remontez vers la tête en suivant la colonne.

Lorsque ces deux sphères rouges ont fusionné, laissez-les grandir jusqu'à ce que votre corps et celui en face de vous, symétrique, qui représente cette divinité, n'en fassent qu'un. Rayonnez, devenez un immense cône rayonnant vivement, jusqu'à ce que la pièce soit illuminée par ces couleurs.

Perceptions physiques et extrasensorielles

Sur le point de sortir de votre corps, vous constaterez une sorte de paralysie, de catalepsie. Anesthésié, vous ne pourrez plus bouger. Seule la conscience, petite lumière interne, vous rappellera que vous êtes éveillé.

Il s'agit, là encore, d'une réaction normale. Profitez-en pour découvrir les sensations d'un arbre, d'une pierre. Si vous étiez immobilisé, comment communiqueriez-vous avec le monde ? Soyez ludique, vous serez plus efficace.

Fréquemment, vous sentirez votre corps vibrer. Vous vous sentez impuissant, démuni. Vous n'êtes pas victime de l'expérience, à vous de la mener. Cela rappelle ces jours de fièvre, lorsqu'on est tremblant sous les draps. Le passage d'un état de conscience à un autre entraîne des réactions physiologiques.

Si vous êtes allongé, tétanisé, déplacez votre conscience non à l'intérieur, mais à l'extérieur, selon les processus déjà étudiés. Percevez-vous comme si vous étiez près de la fenêtre, de la porte, du plafond, ou d'autres angles de la pièce. Au bout d'un certain temps, déplacez votre conscience dans une autre pièce. Changez de point de vue. Les inconvénients sont mineurs. Appréciez les infimes modifications internes.

Le dédoublement n'est pas en soi un processus de guérison ou d'autoguérison, même si ce phénomène peut se produire. Comme la relaxation, le rêve éveillé ou l'hypnose, vous puiserez dans ces techniques des réponses à des préoccupations courantes. Faites confiance à votre « veilleuse » – la force spirituelle qui veille sur vous.

Visualisation et symbolisme

Sur le point de vous endormir, dans une zone frontière, des images, irrationnelles ou très prenantes, vous apparaissent. Des visages, connus ou symboliques, se manifestent. Au début d'un cheminement spirituel se présentent des personnes qui semblent juger, ou ont l'air hostile. Votre esprit inconscient vous permet d'entrer en relation avec des aspects refoulés de vous-même. Inutile de chasser ces images. Faites la paix, soyez ferme et, au besoin, demandez de l'aide. Convoquez les personnes les plus sympathiques, les conseillers capables de vous éclairer sur vous-même. Imaginez un manège forain et placez-y les visages de votre vie, ou d'autres encore.

Chacun d'eux représente une force dont vous êtes le dépositaire.

Ralentissez ce manège. Vous en êtes le directeur. Faites tourner ces images mentales, transformez-les en tourbillons de couleurs, accélérez, fondez les couleurs, puis ralentissez et laissez des visages amicaux se dessiner.

Visualisez ce tourbillon dans la pièce, au-dessus de vous. Il est aussi bénéfique d'apprendre à maîtriser en partie ses pensées. Visualisez-les sous forme d'objets, de personnages ou de couleurs, et laissez-les tourner en rond.

Accélérez, fusionnez les couleurs en un seul anneau tournant. Ralentissez, créez des paysages. En état de profonde relaxation, le cerveau produit des images très puissantes. La méditation est un antidote à la drogue. Les couleurs prennent des teintes vives, fluorescentes. Les frontières du corps s'estompent, la conscience devient immense et autonome. Elle souhaite circuler dans des lieux que vous n'imaginez pas.

Ce stade est le prélude au dédoublement. Rassuré, le cerveau libère la conscience, qui peut rejoindre d'autres plans.

Vous ressentirez parfois une tension, avec l'impression d'être traversé par un courant électrique ou fouetté par un claquement intérieur, submergeant tête et corps. Respirez profondément, expirez longuement, comme si vous vouliez que votre souffle atteigne en douceur les murs de la pièce. En même temps, clarifiez votre esprit grâce au manège de couleurs.

Un jour d'été, après plusieurs heures passées à la piscine, occupé à faire tournoyer des couleurs, je changeai de conscience en un instant et me retrouvai dans une vague tourbillonnante, brusquement emporté par un flot d'énergie. Je ne pesais plus que quelques grammes, comme de l'eau devenue buée. D'une matière lourde et consistante, je m'étais transformé en matière légère, évanescente. Cependant, je conservais la conscience de moi-même. Je flottais, délivré de la pesanteur. Il me sembla vivre l'expérience d'Aladin sur son tapis volant... Je fis un voyage dans des mouvements de couleurs qui se mêlaient et se défaisaient. Le monde était une énergie.

Exercices avancés de respiration

Associez ces exercices aux extensions de conscience et au déplacement des sensations.

Inspirez en comptant jusqu'à 4 ; bloquez la respiration en comptant jusqu'à 2 ; expirez en comptant jusqu'à 4 ; bloquez la respiration en comptant jusqu'à 2. Vous pouvez modifier le rythme pour le rendre confortable, en conservant les mêmes séquences (par exemple : 6 – 3 – 6 – 3).

Pratiquez quelques minutes. Ensuite, concentrez-vous successivement sur les différentes parties du corps, en tendant légèrement les muscles une seconde, et en les détendant aussitôt, sans jamais forcer.

Dans un premier temps, ne vous souciez pas d'ordre ; commencez indifféremment par les mains, les pieds ou le ventre. Ensuite, portez votre attention sur les pieds et remontez vers le visage, en conservant ce rythme respiratoire. Puis, placez votre conscience dans votre visage, vos yeux que vous tendez et détendez, vos joues, vos lèvres, votre bouche, vos tempes, votre gorge, les muscles de votre nuque – en bougeant légèrement votre tête au besoin –, et redescendez jusqu'aux pieds.

Ressentez l'énergie le long de votre colonne vertébrale. Habituez-vous à l'imaginer, la visualiser, la ressentir, l'éloigner de votre corps lorsque vous expirez en comptant. Visualisez-la sous forme de brume, de buée colorée. Si vous avez des difficultés à visualiser, ne vous inquiétez pas, les images mentales peuvent être petites ou assez ternes. Intensifiez-les, agrandissez-les. Remémorez-vous des instants passés en vous efforçant de remarquer davantage de détails. Comment se présentaient les lieux de votre enfance, votre école, votre maison ? Qui étaient vos amis ?

Les yeux fermés, visualisez la pièce où vous vous trouvez, la disposition des fauteuils, des plantes, des disques, etc. Cet exercice doit vous permettre de développer votre œil intérieur ; votre esprit inconscient a « photographié » l'endroit, mais ces informations demeurent cachées tant que vous n'en avez pas l'utilité. Des témoins d'un fait divers, en état d'hypnose, ont ainsi pu restituer des détails ayant échappé à leur conscience.

Une ou deux semaines de pratique quotidienne, par périodes de dix à quinze minutes, amélioreront vos résultats. Profitez par exemple du temps passé dans les transports en commun. A l'heure du déjeuner, dix minutes de souvenirs et d'images agréables apportent détente et bonne humeur. Vous pouvez ainsi prévenir les ulcères ou d'autres maladies[3].

Avant la séance, massez-vous légèrement chevilles et poignets, pendant quelques minutes. Si vous êtes accompagné, demandez à votre ami de le faire. Pendant que vous vous massez ou que vous êtes massé, imaginez que votre corps grandit aux dimensions de la pièce. Puis imaginez qu'il grandit aux dimensions d'un

3. On trouve des exemples des bienfaits de la visualisation dans les ouvrages du docteur Simonton, *Guérir envers et contre tout*, Desclée de Brouwer, 1982, et *L'Aventure d'une guérison*, J'ai Lu, 1994.

immeuble. A cet instant, la conscience n'est plus localisée à l'intérieur du corps physique. Par la suite, imaginez votre corps devenir encore plus grand.

Une étape intermédiaire consiste à revenir, entre-temps, à la taille physique normale, puis à la taille de la pièce, puis à la taille de l'immeuble, et d'effectuer cet aller et retour plusieurs fois (taille exacte du corps, corps grand de plusieurs mètres, taille exacte, corps grand de plusieurs dizaines de mètres, taille exacte, etc.). Variez les étapes et les dimensions pour les adapter.

Dès lors que vous êtes capable de vous sentir de la taille d'un immeuble, la sortie du corps ne présente guère de difficultés ; vous y êtes suffisamment familiarisé. Le cerveau a intégré de nouvelles données, ou plutôt il a retrouvé celles de nos ancêtres, lorsqu'il paraissait inimaginable et insensé que la conscience fût mortelle.

Bien entendu, après ce genre d'exercice, prenez soin de revenir à votre taille habituelle. Si vous oubliez ce détail, vous risquez de ressentir une impression désagréable, sans conséquence toutefois.

Le *rebirth*[11] est également une bonne méthode pour améliorer votre respiration et votre santé. J'en déconseille toutefois l'apprentissage solitaire, car cela libère parfois des émotions violentes. Mieux vaut faire appel à un *rebirther* de votre ville pour vous accompagner.

Dissociez et associez le conscient et l'inconscient

Cette technique consiste à séparer ce que l'esprit conscient et l'esprit inconscient sont en train de faire. Ainsi, tandis que votre esprit conscient lit ces lignes,

4. Littéralement, « renaissance ».

votre esprit inconscient les associe à d'autres lectures, d'autres expériences.

L'esprit conscient est le siège des perceptions logiques. Il analyse, déduit, compare. C'est le mental, le domaine des chiffres, de l'architecture, de la structure mécanique, lié à l'hémisphère gauche du cerveau.

L'esprit inconscient est le siège des perceptions analogiques. Il globalise, associe, produit les symboles et les allusions. Son domaine est celui de la parabole, de la poésie, de la structure énergétique, de l'intuition, lié à l'hémisphère droit du cerveau.

Bien entendu, les deux hémisphères fonctionnent en même temps, mais comme les yeux, les narines et les oreilles, l'un ou l'autre est plus actif et domine, alternativement.

Pour l'exercice d'auto-hypnose suivant, adaptez le texte ci-dessous. Faites grand usage des conjonctions (et, mais, pendant que, alors que, tandis que...). Ajoutez toujours, sans opposer, sans éliminer. Augmentez les choix et les liens. Le sens général veut que votre conscient et votre inconscient s'ocupent simultanément de choses différentes. Ils se complètent. N'hésitez pas à répéter, à revenir en arrière. Prenez une voix lancinante, chaude, traînante. Prononcez chaleureusement les mots importants.

« Notre esprit possède une partie consciente et une partie inconsciente... Et chacune joue un rôle pour faciliter le voyage de la conscience... Et vous acceptez de voyager dans des dimensions nouvelles, et profitez de l'excitation du départ... Vous vous souvenez de tous les exercices déjà révisés... Et vos sens se souviennent du chemin du départ...

« La partie consciente de votre esprit pense et réfléchit d'une façon linéaire, pendant que la partie inconsciente de votre esprit pense et réfléchit de façon globale...

« Consciemment, vous avez une certaine opinion, une certaine habitude de pensée, alors que votre esprit inconscient a sa propre logique, différente de celle du conscient...

« Votre esprit conscient possède la clé de certaines croyances, tandis que votre esprit inconscient possède la clé d'autres croyances... Et ces croyances, qui apparaissent parfois en désaccord, peuvent en fait s'unir à un niveau très profond... Prenez quelques instants pour laisser votre esprit inconscient faire le tour de ses connaissances, tout en sachant que d'autres aspects se manifesteront par la suite...

« Et votre esprit conscient, votre esprit inconscient, cherchent le meilleur moyen de réaliser votre but, et de laisser une substance énergétique se détacher de votre corps...

« Consciemment, vous êtes en train d'écouter cette voix, et, pendant ce temps, votre esprit inconscient est occupé à comprendre le sens des mots, ou même de les comprendre d'une façon qui vous convienne mieux... Et vous pouvez les traduire ou les modifier...

« Et vous avez la possibilité de rejeter ce qui ne vous convient pas, de n'accepter que ce qui vous convient, tout en laissant place au rappel d'expériences anciennes, qui vont déboucher sur des expériences nouvelles et enrichissantes... Ce processus se déroule avec votre accord profond...

« Votre esprit conscient possède une certaine forme de logique, très utile et bénéfique, alors que votre esprit inconscient possède de nombreuses formes de logique... Et l'une ou l'autre, les unes et les autres, sont indispensables et méritent de s'exprimer à votre service...

« Et votre esprit conscient ne peut pas avoir conscience de tout au même moment, alors que votre esprit inconscient en sait beaucoup plus que vous ne pensez savoir... Et vous acceptez de laisser l'esprit inconscient savoir ce qu'il sait, et permettez ainsi les expériences utiles qui autorisent votre conscience à se déplacer hors des frontières du corps...

« Dans l'expérience que vous êtes en train de vivre, la partie consciente de votre esprit réalise un certain nombre de choses que vous connaissez, alors que votre esprit inconscient est encore plus utile, et c'est elle qui vous aide principalement, en ce moment, à réunir les informations et les techniques assimilées...

« Pendant qu'une partie de votre esprit est en train de m'écouter, une autre partie de votre esprit entre dans une rêverie colorée ; comme un voyage à travers la mémoire sensorielle...

« Et votre conscient entend les paroles, alors que votre inconscient s'intéresse plutôt à la structure des phrases...

« Votre esprit conscient focalise son attention sur les mots prononcés... pendant que votre esprit inconscient place son attention sur les silences entre les mots.

« Votre esprit conscient accède à certaines réponses, alors que d'autres réponses surgissent dans votre esprit inconscient, et vous vous sentez de plus en plus léger... Vous vous allégez au fur et à mesure que s'écoulent les minutes...

« En ce moment, votre esprit conscient est attentif à certains éléments de l'expérience que vous vivez... pendant que votre esprit inconscient est attentif aux conséquences bénéfiques de ce que vous êtes en train de vivre...

« L'esprit conscient peut avoir des doutes, alors que l'esprit inconscient apprécie la plénitude de la certitude... Et il suffit de devenir cette conscience qui flotte et plane... et vous êtes cette conscience qui flotte et plane...

• D'une manière consciente, vous pouvez avoir envie d'apprendre certains comportements, de tester des croyances différentes, et sans doute, de développer certaines qualités, alors que votre esprit inconscient est intéressé par ce qui est vraiment important... en ce moment, pour vous...

• Et le contact de votre corps sur le canapé (lit, fauteuil) vous aide à entrer dans un état de conscience modifiée, aussi profondément et agréablement qu'il est possible et agréable pour vous aujourd'hui...

• Et vous approfondissez cette transe légère vers la plénitude et, d'une certaine façon, vous vous abandonnez à l'expérience... tout en la contrôlant à un autre niveau... Et il est donc plus facile de s'abandonner... autant que vous le souhaitez...

• Consciemment, vous dirigez votre attention sur une partie de votre corps, ou sur plusieurs parties de votre corps en alternance, alors que votre esprit inconscient dirige son attention sur la totalité de votre corps... Et vous avez conscience d'une partie de votre corps, de plusieurs parties de votre corps, et d'une certaine façon de l'ensemble de votre corps...

• Votre esprit conscient se demande à quelle profondeur hypnotique vous allez entrer, alors que votre inconscient en a une idée plus exacte...

• Et vous pouvez être en même temps à l'intérieur et à l'extérieur... La conscience à l'intérieur et l'inconscient à l'extérieur... La conscience à l'extérieur et l'inconscient à l'intérieur... Même si, d'une certaine façon, le haut est en bas, le bas devient le haut, l'extérieur et l'intérieur se rejoignent à un niveau de transse que vous êtes en train d'atteindre, maintenant...

• Consciemment, vous êtes attentif à la situation présente, au temps qui passe, alors que votre esprit inconscient se trouve dans l'intemporel, et qu'il sait, de ce point de vue, des choses que votre esprit conscient ne sait pas encore...

« Votre esprit conscient peut rationaliser, établir des comparaisons, assembler les apprentissages passés, alors que votre esprit inconscient a une perception globale qui vous permet d'atteindre vos buts...

« Et au fur et à mesure que les minutes s'écoulent, vous vous rapprochez encore de ce but... d'une manière progressive ou plus rapide...

« Consciemment, vous pouvez formuler une certaine demande, alors qu'au fond, votre esprit inconscient sait ce dont vous avez vraiment envie et besoin... Et vous savez ce que vous voulez atteindre... Vous êtes léger, et les expériences de légèreté sont puissantes, vous flottez...

« Il vous est arrivé consciemment de ressentir un certain problème, alors qu'au niveau inconscient vous saviez que le problème était ailleurs... Et vous savez aplanir les difficultés pour alléger votre conscience...

« La partie consciente de votre esprit se demande ce qui va suivre, alors que votre esprit inconscient a déjà, d'une manière qui lui est propre, une idée de ce qui l'attend et de ce qui va se produire... Et vous en profitez pour réveiller les expériences qui vous rapprochent de la sortie de conscience...

« Votre esprit inconscient se charge de veiller sur votre corps, tandis que votre conscience s'envole... Et il est possible de laisser la conscience s'envoler et planer loin du corps...

« Pendant que vous écoutez d'une manière consciente, votre esprit inconscient est en train de s'organiser à sa façon, de ranimer les informations passées pour faciliter la sortie de conscience...

« Peut-être, en cet instant, votre esprit conscient reçoit-il beaucoup d'informations d'une certaine partie du corps et de l'une de vos deux oreilles. Est-ce l'oreille droite ou l'oreille gauche ?

« Vous êtes attentif à toute différence, et veillez à retrouver les expériences facilitant le passage vers l'au-delà...

« Et vous avez pleinement conscience de la réalité, pendant que votre esprit inconscient évolue dans une réalité plus large...

« Votre esprit inconscient peut recevoir davantage d'informations par une autre partie du corps ou par la totalité de votre corps, ou plutôt par une oreille que par l'autre, est-ce l'oreille gauche ou plutôt l'oreille droite ?

« Vous remarquez des différences entre ce qui est conscient et ce qui est inconscient... L'esprit inconscient affleure à la surface de la conscience... Et vous volez, la conscience vole et quitte le corps... Allez-y... Partez...

« Maintenant, toutes vos expériences se rejoignent, et vous volez... Vous quittez la matière... Vous partez explorer d'autres mondes... »

Si vous souhaitez enregistrer ce texte (adapté) sur cassette, utilisez une face de quarante-cinq minutes. Si votre appareil est *autoreverse*, faites-le suivre de musique douce. Vous n'êtes pas obligé de dire toutes les phrases, mais parlez lentement, et ménagez de fréquents silences pour laisser le processus se dérouler.

Nécessité de la solitude

A ce stade, vous vous sentez à l'aise, comme un explorateur familiarisé avec l'inconnu. Vous avez développé des zones de sécurité et avez gagné en confiance.

Le monde astral est un monde de l'esprit ; il n'est pas créé par notre esprit, mais il est de sa nature. C'est par lui que le corps éthérique et le corps astral se déplacent à la recherche des vies futures, des vies antérieures, des disparus, de l'univers spirituel.

Vous pouvez aisément faire des allers et retours entre le corps physique et le corps astral, comme entre la conscience éveillée et la conscience modifiée, entre le sommeil et le rêve.

Cependant, la volonté n'est pas tout. On peut vouloir traverser la Manche à la nage : encore faut-il avoir l'entraînement suffisant et disposer d'une bonne condition physique.

Même si vous êtes âgé, malade ou handicapé, votre corps spirituel est intact. Unissez-vous à l'environnement, à ce qui vit, près de vous et sur terre. Gardez les yeux fermés, et posez-vous les questions suivantes : « Suis-je de la nature du bureau ? Suis-je de la nature de la bibliothèque ? Suis-je de la nature des fenêtres, les croisées et les vitres ? Suis-je de la nature de la baignoire ? de la moquette ? de l'ordinateur ? du téléphone ? de l'ampoule ? du plafond ? du béton ou du bois ou des pierres dont la maison est faite ? de ces murs ? de ce papier peint ? de ces tableaux ? de ces sculptures ? de ces bibelots ? »

Ne négligez pas cette étape. Elle est importante ; même s'il vous paraît incongru d'entrer en contact avec ces éléments, nous ne partageons pas leur identité, mais nous sommes de la même structure : la matière, constituée d'atomes. Lamartine se demandait si les objets inanimés avaient une âme. Mais seuls les humains, les animaux et les plantes, soumis aux lois de l'évolution, accèdent à l'âme. Toutefois, votre corps, comme les plantes, le poisson rouge ou vos meubles, est prisonnier de la matière. En faisant circuler l'énergie, vous laissez le corps éthérique se dissocier – en partie et provisoirement – du corps physique.

En vous harmonisant avec l'environnement, vous n'aurez plus peur des objets, et beaucoup moins des humains. Vous développerez la communication. Il paraîtra logique, ensuite, de faire circuler votre conscience. Celle-ci se concentre en corps éthérique, puis en corps astral, puis en âme (de la même nature). Augmentez votre désir de vous dédoubler, puis lâchez prise, acceptez de vivre des expériences inattendues, instructives.

Une fois ces techniques assimilées, il n'est pas important que vous vous dédoubliez dans dix minutes ou dans dix ans, ou aux abords de la mort.

Faites l'expérience suivante. De nos jours, la solitude est mal vécue, ou bien est considérée comme une punition. Pourtant, quelle meilleure voie pour connaître l'âme ? Restez seul quelques heures. Enfermez-vous, ou marchez dans la forêt, ou faites du bateau en solitaire, de la randonnée, ou encore rendez-vous dans une chapelle de l'adoration, dans un monastère, partez en retraite silencieuse. Quelques heures suffisent pour que votre âme remonte à la surface. Elle n'est jamais très loin, cachée par l'activité du mental, les préoccupations quotidiennes. Quelques heures de prière ou de méditation (voire de silence) permettent de retrouver la présence intérieure, la familiarité avec l'âme.

Bien sûr, au long de ces expériences, des bouffées de colère, des regrets, des remords ou des moments de haine jaillissent de l'inconscient et vous perturbent. Laissez douleurs et chagrins s'échapper, « ouvrez la cage aux oiseaux », observez-les. Placez-les à l'extérieur. Acceptez qu'ils vous traversent et s'éloignent. Vous n'êtes pas confondu avec vos problèmes et votre peine. Devenez l'observateur de vos émotions.

Dissociez et associez le physique et le mental

Laissez le corps s'endormir, projetez le mental. Concentrez-vous sur le troisième œil, au milieu du front, au-dessus de la racine du nez et des sourcils. Ne cherchez pas une localisation précise, faites confiance à vos sensations. Elles s'affineront. Laissez votre corps astral se condenser à cet endroit et sortir. Utilisez votre éventuelle appréhension pour vous renforcer. Répétez, sur un ton calme, des phrases d'encouragement. Sentez votre front, lovez-vous sous sa peau. Rien d'autre ne compte, uniquement ce front, sa taille, sa forme, sa température.

Faites cet exercice, à la manière d'un sportif, par séances de cinq à vingt minutes. Au bout d'une dizaine de fois, cela deviendra moins fastidieux, vous développerez votre intuition et votre magnétisme, et éprouverez des sensations de légèreté.

Plus tard, vous ressentirez un fluide sortant par le troisième œil. Au même moment, ou encore plus tard, ce phénomène deviendra réversible : vous ressentirez un fluide bienfaisant entrant par cette petite porte, et se diffusant dans le corps.

L'avancée spirituelle au-delà de la mort

Si le dédoublement est un développement de la conscience, la voie spirituelle constitue l'une des ultimes libertés... Il existe toujours la possibilité de se relaxer, de prier, de connaître des phénomènes psy, quelle que soit la société dans laquelle on évolue.

Vous avez constaté que ces expériences favorisent la transe, notamment lorsque vous souffrez ou lorsque vous devez subir une opération. Le dédoublement est l'une des formes les plus abouties de la dissociation. Au lieu de voir, par exemple, ses mains tapoter sur un clavier, on se voit de l'extérieur, comme par l'intermédiaire d'une caméra.

La vie terrestre prépare à la mort. Durant une courte partie de notre existence, jusqu'à vingt ans environ, nos cellules sont engagées dans un processus de croissance. Puis vient un long déclin, au cours duquel nous franchissons l'âge de la maturité, et qui se traduit par des modifications physiques. Les cellules dysfonctionnent peu à peu et perdent leur capacité à se régénérer.

Quelques personnes, atteintes de maladie incurable, gagneraient à développer leur spiritualité, notamment la faculté de voyager en conscience. Une maladie incurable des cellules n'entraîne pas une maladie de l'âme.

Certains sont terrifiés à l'idée de mourir. Souvent, ce n'est que la peur d'être malade, de ne pas être aimé. Lorsqu'un humain a expérimenté ce pour quoi il est venu sur terre, la sérénité l'envahit. Il ne redoute plus de quitter le véhicule de son corps. Que se passera-t-il ? Le cœur va s'arrêter, la respiration cesser, mais le cerveau continuera de fonctionner. A quel moment commence la mort ? Jadis, le croque-mort mordait l'orteil du mort pour s'assurer de son décès, mais il faut convenir que cette pratique est peu fiable. Le cœur et le pouls arrêté, la respiration éteinte, l'électroencéphalogramme plat ne signifient pas mort. Celle-ci est définie par un long arrêt total. On a vu trop souvent des personnes déclarées mortes ressusciter littéralement, se réveiller dans leur cercueil ou à la morgue.

Même si les lèvres et les extrémités bleuissent, cela n'indique pas nécessairement la mort. La température du corps commence par baisser pour atteindre la température de la pièce ; ensuite le corps devient rigide. Le sang reflue de la peau, puis de tout le corps. La mort intervient quand les microbes le savent.

Quel est ce passage subtil entre la vie et la mort ? L'énergie se concentre sous forme de corps éthérique, parfois visible comme une masse brumeuse ou un vent léger, accompagnée d'une forte sensation de présence.

Notre civilisation a peur de la mort, mais le corps fabrique des substances qui suppriment la douleur. A nous de réussir ce passage le mieux possible.

Si vous êtes malade, utilisez la souffrance comme une rampe de lancement, comme un plongeoir, comme un terrain d'envol (choisissez le mot qui convient). A un moment, difficile à déterminer de l'extérieur, mais dont vous aurez conscience, vous saurez que la mort est imminente et pourrez « prendre votre élan » pour basculer dans le monde des âmes.

Utilisez les techniques liées aux sensations de flottement, de dissociation, à toutes les formes de décorporation, de sortie de conscience, en vous imaginant, plusieurs heures à l'avance, flottant dans la chambre d'hôpital, au-dessus de votre ville. Lorsque vous êtes en pleine conscience, programmez-vous pour aller rendre visite à vos amis lorsque vous serez mort.

Les anesthésiants et les somnifères favorisent le dédoublement, mais il sera difficile de s'en souvenir. Mieux vaut avoir recours à des plantes. Quant aux drogues, elles sont extrêmement nuisibles à la sortie du corps et détruisent le système nerveux central.

Pensez aux personnes éloignées, celles à qui vous auriez voulu parler, pour une mise au point, un pardon, une réconciliation. En vous focalisant sur elles, vous augmentez vos chances de les rencontrer lorsque votre corps astral aura quitté votre corps physique.

Ces processus sont accessibles lors de profondes

relaxations. C'est le moment de vous préparer au merveilleux voyage à travers un tunnel qui conduit vers une pleine lumière. Ce tunnel est une métaphore visuelle créée par notre cerveau ; l'image exprime le déplacement extrêmement rapide de la conscience d'un point à un autre. En mourant, nous réveillons, sous l'aspect de vivants ou de disparus, toutes les « énergies » connues au cours de notre existence. Nous bouclons ainsi notre compréhension du plan terrestre. L'être humain cherche toujours à trouver le sens de ce qu'il vit.

Vous avez vu des cartes postales de voitures sous la pluie, ces traînées lumineuses de phares dans la nuit : ce que vous verrez dans ce fameux tunnel est comparable. Nous pénétrons dans l'univers de la conscience, un univers lumineux, non seulement parce que la lumière est divine, mais parce que nous sommes les enfants de la lumière. Nous sommes nés de cette matière, la substance de l'univers.

Dans cette lumière incarnée, votre corps éthérique se sépare du corps physique. Des personnes qui ne se sont jamais interrogées sur l'au-delà peuvent ressentir un début de panique, en découvrant cet univers « baroque » et ces sensations particulières. Ceci explique que, parfois, les disparus ne savent pas aussitôt qu'ils sont morts. Ils conservent un temps leurs anciens réflexes et leurs modes de pensée.

A la différence du dédoublement, en mourant, la corde d'argent se rompt, comme si elle se transformait en tunnel de lumière : vous êtes projeté, attiré dans l'astral, parce que cette racine, ce cordon ombilical, ne vous a jamais quitté.

Après avoir envisagé sereinement la possibilité de mourir différemment, vous êtes apte à expérimenter ces sorties du corps comme des états naturels de votre vie humaine. Il est absurde que notre civilisation ait développé une phobie de la maladie et de la mort, qui conduit les gens à être désemparés devant les événements naturels. N'étant pas entièrement dépendant de la vie physique, vous pouvez aller au bout de vous-même.

Déceptions et espoirs

En sortie du corps, spontanée ou préparée, ne vous figurez pas aller visiter vos voisins, déranger les gens ou vous emparer de secrets. Le dédoublement obéit à une loi spirituelle, qui replace les besoins dans leur hiérarchie profonde. En revanche, ce phénomène est plus fréquent qu'il n'y paraît.

Voilà quelques années, sept cents Américains[5] ayant déclaré avoir vécu des expériences hors du corps ont été interrogés ; environ la moitié d'entre eux ont répondu. Des médecins ont affirmé : « Il n'y a pas nécessairement de relation de cause à effet entre les conditions préexistantes et l'expérience elle-même. » Ce qui, en clair, signifie que chacun peut vivre de telles expériences, quelles que soient ses croyances.

Parmi cet échantillonnage, 5 % étaient sortis du corps après un arrêt cardiaque, 10 % lors d'une expérience aux frontières de la mort, 3 % étaient atteints d'une fièvre très élevée, et 4 % venaient d'être victimes d'un accident. 4 % des femmes ont quitté leur corps durant un accouchement (les femmes représentaient 52 % de l'échantillon). Quel grand magazine européen souhaiterait réaliser une enquête à grande échelle sur ce sujet ?

---

5. J. H. Brennan, *The Astral Projection Workbook*, Aquarian Press, 1989.

2 % de ces personnes sont sorties de leur corps en conduisant. Vous trouverez page 203 des conseils pour revenir dans votre corps dans pareil cas, car vous devez bien sûr rester maître de votre « véhicule »... le corps physique !

Enfin, environ 80 % des personnes étaient en état de relaxation. On le voit, l'apprentissage de la relaxation ouvre bien des portes...

QUATRIÈME PARTIE

TECHNIQUES DE MAÎTRISE

Pour vous souvenir

Pour vous souvenir de vos rêves, vous les programmez, vous vous suggestionnez en les valorisant, vous vous motivez en découvrant leur intérêt pour votre vie quotidienne. Ils occupent alors davantage de place. Il en va de même pour la mémorisation des dédoublements. La plupart du temps, nous les vivons inconsciemment. Nous rapportons de vagues souvenirs visuels, quelques sensations physiques, dissipées dès le réveil.

Créez vos propres automatismes. Par exemple, avant chaque exercice, vous pouvez vous répéter :

« Chaque nouvelle tentative me rapproche de mon but. Je vais mémoriser les sensations, les images et les sons. Mon inconscient enregistrera. D'autres humains ont réussi depuis des millénaires, ce phénomène appartient à l'humanité. Je peux le faire. Je développe ma confiance, j'ai appris beaucoup depuis ma naissance.

« Je sors inconsciemment de mon corps durant le sommeil, et en état de conscience modifiée. J'accepte de quitter mon corps d'une manière consciente, mon esprit inconscient conduit le processus et me guide. A chaque nouvel essai, j'accepte que mon corps éthérique sorte un peu plus facilement. »

Créez vos propres phrases, utilisez des formules qui vous conviennent. Ces formules doivent être positives, ne pas utiliser de négations et rester assez vagues. Évitez les mots désignant des objets, préférez les verbes d'action.

Créez des variantes : « Chaque fois que le rythme de ma respiration atteindra la dizaine, j'irai plus profondément explorer d'autres états de conscience, aussi profondément qu'il est utile et favorable pour moi aujourd'hui. »

Puis comptez, jusqu'à vingt ou trente ; ce n'est plus nécessaire ensuite, car vous avez acquis le rythme. Portez votre attention sur le bruit de votre respiration ou sur des sensations physiques.

Pour recentrer le corps éthérique

Il se produit parfois un léger malaise, une nausée qui se dissipe naturellement en quelques minutes ou en deux ou trois heures au plus. Pour accélérer le processus, agissez ainsi.

Assis ou allongé, faites des gestes circulaires avec les bras pour ramener l'énergie vers votre corps physique, comme si vous « massiez » votre aura. Vous pouvez aussi demander à quelqu'un de vous masser sans vous toucher, comme s'il vous faisait des passes magnétiques.

Au bout de deux ou trois minutes, finissez chaque geste en touchant votre corps physique (ou que la personne qui vous masse le fasse).

Massez-vous légèrement les jambes, le ventre et le plexus, en cercles concentriques, vers l'intérieur du corps.

Le miroir psychique

Faites cet exercice de double dissociation : observez-vous en train de vous observer dans un miroir.

Observez-vous en entier et notez les détails significatifs, comme si vous deviez vous décrire. Regardez-vous avec amour, comme si vous étiez quelqu'un d'autre ; en même temps, regardez-vous de l'extérieur. Profitez-en pour développer votre sentiment d'estime pour vous-même.

Puis fermez les yeux et continuez à vous voir.

Une fois familiarisé avec votre image, placez-la dans une autre pièce (assis, couché ou debout) et visualisez-vous. Puis variez la distance, placez votre image à un mètre, à deux mètres, à dix mètres, à cent mètres.

Avoir les yeux fermés est plus simple, mais avec l'expérience, il est possible de projeter son image à l'extérieur, tout en gardant les yeux ouverts. Rappelons que le cerveau peut revivre les événements depuis l'intérieur du corps (tels qu'on les a vécus) ou depuis l'extérieur (comme si l'on avait été témoin de sa propre vie) ; les expériences vicariales (semblables au vécu) ouvrent de nouveaux circuits.

« Quand je me suis projeté dans le miroir, confie Claude, la pièce soudain s'est illuminée, comme si elle était en feu, un feu qui éclairait, mais ne brûlait pas. Je ne distinguais rien du décor, tout était surexposé à une lumière trop vive. Cela m'a si vivement impressionné que je suis revenu presque aussitôt à ma conscience normale. Par la suite, je suis parvenu à rester plusieurs minutes en projection. Je me dissocie aussi quand je suis mal à l'aise avec des gens, ou pendant des réunions ennuyeuses. »

La méthode Daumal

Allongé, le poète René Daumal respirait profondément, pour bien relaxer son corps. Puis il imaginait qu'il se levait, s'asseyait sur le bord de son lit, s'habillait, enfilait ses chaussures, sortait de l'appartement et se rendait en ville.

Cette méthode est très valable. Le défi consiste à produire les gestes en imagination, dans le temps exact qu'ils prendraient si on les faisait avec le corps physique. A un moment, la conscience bascule et l'on sort de son corps.

L'énergie montante

Pratiquez d'abord quelques exercices bien assimilés, puis sentez les déplacements de l'énergie autour de vous (l'air plus chaud ou plus frais). Accompagnez ces mouvements vers le haut, comme la feuille entraînée par les courants d'air. Laissez le rayonnement de la terre vous soulever.

L'extension de conscience

Fixez un nuage (ou un point quelconque) dans le ciel ; imaginez qu'une force vous attire vers ce point. Selon vos croyances, vous pouvez y placer un disparu, un ange, une force cosmique ou divine. Si vous « n'y croyez pas », imaginez que l'énergie se concentre en ce point en exerçant une forte attraction : impossible d'y résister.

Imaginez-vous sous l'aspect d'un oiseau. Peut-être l'avez-vous rêvé ? Vous avez eu l'occasion de voir des parachutistes, des adeptes du deltaplane ou du *skysurf*. Inspirez-vous des sensations qu'ils décrivent, ou projetez-vous suspendu à un parachute, ou planant sur l'air. S'il y a un oiseau dans le ciel, mettez-vous à sa place : Que voit-il ? Que ressent-il ?

Laissez vos sensations se déplacer vers ce point. L'idéal est qu'elles sortent du corps, comme des traînées de lumière ou de couleurs. Votre regard, votre ouïe sont dans le ciel, votre corps physique est un animal chaud, dans lequel brille une petite lampe.

En dormant, en hypnose profonde et dans le coma, on conserve une conscience active. Il n'y a vraiment pas lieu de s'inquiéter lors des expériences spirituelles ; c'est leur absence qui rend les gens malheureux, et les dégâts commis sur terre sont plutôt le fait de personnes qui ne s'occupent pas de leur développement.

Devenez vibration, son, qui vous emmène vers ce point dans le ciel. Prenez votre envol. Laissez la conscience se concentrer dans la colonne vertébrale et jaillir dans la pièce, puis au-dessus de votre habitation, puis le plus loin possible.

Pour ne pas revenir trop vite

Daniel, animateur radio, raconte :

« Je venais de réaliser plusieurs enregistrements que nous devions diffuser à l'antenne dans les jours suivants. J'avais peu dormi, j'étais épuisé. Je m'affalai sur un fauteuil et, brusquement, quelque chose d'inouï se produisit : je vis quelqu'un qui me ressemblait ; il était mal rasé, mal coiffé, et, bien qu'un peu étrange, j'avais la certitude qu'il s'agissait de moi-même.

« Je le regardai avec beaucoup d'amour et de compassion, profondément attiré par lui. C'était une sensation curieuse, ma conscience était dédoublée : je savais que j'étais à l'extérieur, sans savoir où précisément, et je savais que j'étais celui-là. Une idée fugitive me traversa l'esprit : j'étais une cellule qui s'était divisée en deux.

« Lui et moi, qui formions anciennement un seul être, allions désormais évoluer chacun de notre côté ; nous étions en train de devenir deux entités séparées.

« Aussitôt une autre idée supplanta celle-ci : au contraire, nous avions jadis été deux parties d'un seul être, nous avions déjà connu la séparation et nous étions maintenant enfin unis.

« J'étais plein d'indulgence pour cet homme assis ; il émanait de lui le même magnétisme que celui qui émanait de mon père ou de ma mère. Hélas, un bruit claqua, une fenêtre, qui me ramena dans mon corps physique... Aujourd'hui, cinq ans plus tard, cela reste un des plus beaux souvenirs de ma vie. Depuis, je ne crains plus de tomber malade ou de mourir, je réalise mes rêves. On me dit moins chaotique, plus concentré, plus joyeux. Ce qui est stupéfiant, c'est que cette expérience a duré très peu de temps. D'après mon estimation, moins de sept secondes. »

Il est frustrant de réussir, en se préparant ou par inadvertance, une sortie du corps, et de ne pas en profiter autant qu'il serait souhaitable. Là encore, ne vous en préoccupez pas. Ces expériences ne sont pas une obligation ; vous serez plus efficace en lâchant prise, en acceptant ces cadeaux, ces moments magiques et ludiques, où vous entrez de plain-pied dans l'éternité.

A ce stade, vous devriez avoir quasiment éliminé la peur. Restez dans la pièce, mais tenez-vous aussi loin que possible de votre corps physique, pour ne pas être attiré par lui comme par un aimant. Amusez-vous à flotter, à éprouver des sensations d'apesanteur ; testez la vitesse de déplacement de la conscience, en allant de la porte à la fenêtre, en évoluant sous le plafond.

Que chaque bruit, chaque mouvement, chaque pensée, favorise l'approfondissement de cet état de conscience. On sort souvent sans s'en apercevoir, sans savoir comment. Alice, trente-cinq ans, se retrouve fréquemment planant au-dessus de la Seine, sans avoir aucune idée de la façon dont elle s'y est prise. Elle n'a pas non plus conscience du temps écoulé pour se transporter de son appartement à la Seine (distant d'environ cinq cents mètres). Le déplacement est instantané.

Il arrive que l'on soit prisonnier de concepts physiques – comme vouloir ouvrir une porte – et que l'on reconnaisse difficilement certains objets, telles une chaîne hi-fi ou une télévision, qui paraissent étranges. Les murs se mettent à flotter, certaines couleurs ternissent (le bordeaux, le marron), d'autres sont ravivées (le bleu, le vert, le jaune). On a parfois l'impression de se promener dans un rêve, comme si l'on accédait à un univers complet à explorer.

Appréciez ce corps qui est le vôtre, la puissance spirituelle et animale qui s'en dégage. Apprenez à vous détacher de lui, en partie. Sachez l'aimer et profitez-en pour distinguer son aura, détecter éventuellement des maladies en développement dans le corps éthérique et susceptibles de s'incarner. Vous pouvez intervenir à titre préventif, par exemple en améliorant votre alimentation, en respectant les rythmes de votre cerveau, en alternant compagnie et solitude, vision focalisée et vision panoramique... Profitez de votre liberté d'oiseau, vivez cette ivresse en montant le plus haut possible au-dessus de votre ville...

Les aliments favorables sont toutes les tisanes, tels le tilleul et le lotier (sauf avant la relaxation), le riz complet, le riz sauvage, le sarrasin, les légumes secs, les légumes frais, l'huile de foie de morue et le blé, qui sont excellents.

Les aliments dont vous devez limiter la consommation sont le sucre, le riz, le pain, les pâtes, les aliments riches ou raffinés. Préférez les produits proches de leur origine. Prohibez la consommation des animaux et des œufs de batterie. Après le scandale de la vache folle adviendront d'autres scandales, touchant d'autres animaux d'élevage pesant deux fois leur poids normal et ayant grandi plus vite que de nature.

Proscrivez absolument toutes les formes de drogues. Elles sont toxiques pour le cerveau et amplifient monstrueusement les moindres difficultés rencontrées. D'autre part, les états de conscience alternée sont bien plus agréables que ceux obtenus par la prise de drogue, d'après les témoins. Le haschisch, entre autres drogues, provoque des comportements obsessionnels. S'il est arrivé que des personnes sortent de leur corps par ce biais, l'expérience a été frustrante, voire déprimante. La relaxation, l'hypnose et les diverses formes de dissociation aident les drogués à échapper à leur condition.

Le vin ou la bière, s'ils peuvent vous détendre, ne favorisent pas la projection astrale. L'alcool n'est mentionné par les dédoubleurs que dans 1 ou 2 % des cas, car il est associé à une incohérence musculaire et psychique ; on ne se soucie guère, dans de tels cas, de sortir de son corps.

Il est déconseillé de vivre ces expériences après une période de fort stress, ou après une discussion déplaisante. Utilisez plutôt les techniques pour vous détendre.

Exercice de guérison

Les maladies prennent naissance dans le corps subtil ; ce processus, comme toujours, est réversible : vous pouvez rétablir votre santé dans l'invisible. On va du spirituel vers le physique, et réciproquement. L'idéal est d'entretenir de bonnes relations avec l'invisible et l'inconscient.

Si vous craignez de tomber malade, visualisez votre aura (en blanc ou vert de préférence) trois fois par jour, durant cinq minutes. Enveloppez-vous d'énergie (comme dans des moufles) ; visualisez les couleurs à une distance de cinquante à trente centimètres autour de la peau physique. Immergez-vous dans cette énergie protectrice.

Si vous êtes malade, refaites les exercices de développement de l'énergie. Visualisez votre corps éthérique à un mètre autour de votre corps, puis ramenez-le à cinquante, trente, dix, et enfin deux centimètres. L'objectif est de canaliser vos forces, de laisser les énergies subtiles circuler. Pratiquez l'extension et la concentration.

Pour ne pas sortir

La sortie du corps est vivement déconseillée lorsque vous mobilisez vos ressources – lorsque vous pratiquez un sport dangereux, lorsque vous êtes au volant, en ville, ou si vous travaillez avec des outils... Si vous vous sentez partir malgré votre volonté, réagissez. Vous devez rester maître du phénomène. Les techniques suivantes sont utiles pour ne pas vous endormir, si vous êtes amené à veiller tard.

- Pincez-vous le pli intérieur du genou ou du coude.
- Mordez-vous légèrement la langue ou l'intérieur de la joue.

• Étirez-vous, soupirez, soufflez fort, faites quelques mouvements de gymnastique.

• Massez-vous fortement l'intérieur des mains.

• Passez-vous le visage à l'eau froide.

• Accélérez les battements du cœur et la respiration ; tapez du pied.

• Écarquillez les yeux.

Orientez vos recherches dans l'astral

Durant la préparation, certaines envies vous motivent : revoir des amis, des disparus, rencontrer un guide, visiter d'autres plans. Hélas ! dans l'univers astral, encore plus complexe que l'univers visible, les événements se déroulent rarement comme prévu. L'intention première est parfois oubliée.

Le corps éthérique se comporte comme un animal longtemps retenu, qui a envie de vagabonder. Pourquoi pas ? Si la liberté spirituelle persiste dans nos pays, il faudra quand même quelques siècles pour savoir ce qui se passe de l'autre côté. Il est intéressant d'aller « au hasard », comme dans un pays inconnu. Il faut du temps pour se laisser guider par l'intuition, et davantage pour emmener son mental en voyage : l'esprit critique, comparatif, mécanique, est une partie importante de notre être, mais trop souvent routinière et bornée.

La méthode la plus simple pour favoriser vos chances d'atteindre votre but est de l'associer à une émotion. Avant d'aller rendre visite à quelqu'un, assurez-vous d'avoir une raison impérieuse (maladie, urgence, soutien...). Pour explorer un plan de conscience, veillez qu'il vous tienne à cœur, avec des répercussions dans votre vie quotidienne. Avant de partir, pensez à votre but, visualisez-le. Ne forcez pas. Si vous n'y parvenez pas d'emblée, vous pourrez néanmoins découvrir des mondes plus surprenants que ceux que vous souhaitiez.

Associez vos objectifs et vos amis, vos protecteurs, vos soutiens, à une émotion agréable, envahissante.

Le corps subtil

Cette technique associe la méthode Daumal et celle du miroir. Elle est relativement simple et amusante, mais demande toutefois un peu de pratique. Allongez-vous dans votre chambre ou installez-vous sur un fauteuil confortable qui ne vous fera pas mal au dos, et mettez-vous en état d'auto-hypnose ou de relaxation.

Imaginez-vous en train de marcher. Allez lentement d'un point à l'autre de la pièce. Voyez-vous tel que vous êtes, clairement : votre nez, vos joues, la forme de vos lèvres. Imaginez exactement votre pantalon ou votre robe, avec les plis du tissu. Imaginez votre chemise ou votre chemisier, avec ses motifs. Regardez bien vos cheveux, leur forme, leur coupe, etc.

Ne voyez que votre enveloppe physique sous l'aspect d'un corps lumineux qui aurait conservé les formes de la chair et des vêtements. Laissez ce corps rayonner dans la pièce.

Pratiquez par séances d'un quart d'heure. Vous constaterez une meilleure perception de vous-même. L'image corporelle, celle que votre cerveau a enregistré, deviendra plus juste et objective.

Suivez ensuite un trajet familier : rendez-vous dans la cuisine, ou vers l'entrée. Lorsque vous êtes habitué, visualisez-vous dans une autre pièce. N'oubliez pas le côté ludique, paisible, de ce corps de lumière qui se déplace.

Si vous croyez que vous êtes incapable de visualiser, entraînez-vous ; tous les êtres humains visualisent. Cependant, si vos images mentales manquent de clarté, imaginez-vous grandeur nature, avec les couleurs réelles. Pour vous aider, portez des vêtements faciles à identifier, par exemple une chemise de couleur vive, jaune ou rouge, etc.

Lorsque, par la suite, vous vous projetez dans une autre pièce, visualisez également vos vêtements en mouvement. Vous remarquerez peu de détails, mais en revanche vous pourrez distinguer certaines formes et couleurs, surtout des meubles, ou des objets chargés émotionnellement. Un vase fait à la main, un dessin d'enfant, un jeu de société usagé seront plus faciles à percevoir qu'un objet fabriqué à la chaîne.

Cette façon de libérer votre conscience crée un véhicule pour déplacer pensées, émotions et sensations loin du corps physique. N'oubliez pas que celles-ci sont ancrées ; il faut un certain temps pour organiser de nouveaux circuits dans votre cerveau.

Il est dit dans la *Genèse* que Dieu sépara les éléments du chaos, la lumière et le jour, la terre, le ciel et la mer. Il sépara ensuite l'homme de la poussière environnante, et la femme de l'homme. Le mot « séparation » rejoint donc celui de « création ». Le sperme quitte le sexe masculin pour atteindre l'ovule, et le bébé naît en quittant le corps de sa mère. En séparant sa conscience, on intensifie le corps astral. Cela peut se produire lors d'une crise ou d'un grand relâchement.

Paul, un écrivain de quarante ans, raconte :

« Je venais de nager plusieurs kilomètres lorsque j'entendis brusquement une voix qui me disait : “Vas-y ! Vas-y ! Ouvre la porte de la connaissance !” Effectivement se trouvait devant moi une porte, assez large. Je me vis la traverser et je fus accueilli par des êtres qui me donnèrent des conseils. Il semble qu'il s'agissait d'une sorte d'initiation par des guides. Cela m'a marqué, et depuis, je cherche... »

A la découverte de la corde d'argent

Vous êtes maintenant assez entraîné, grâce aux techniques de concentration, de diffusion et de projection de votre énergie pour sentir, et peut-être voir, la corde d'argent.

La Bible y fait référence : « Mais souviens-toi de ton Créateur aux jours de ta jeunesse, avant que viennent les jours mauvais et que paraissent les années dont tu diras : "Je n'y ai point de plaisir"... Car l'homme s'achemine vers sa demeure éternelle et les pleureurs parcourent les rues ; avant que se rompe le cordon d'argent, que se brise la lampe d'or... Avant que la poussière retourne à la terre pour redevenir ce qu'elle était, et que le souffle de vie retourne à Dieu qui l'a donné. » (*L'Ecclésiaste*, XII, 6.)

La corde d'argent prend sa source dans le corps humain, la plupart du temps au niveau des omoplates. Aux abords du corps physique, sa couleur est presque blanche, brillante comme le ventre d'un poisson. En s'éloignant, elle prend une teinte plus foncée, un peu dorée. Elle a la consistance de la buée ou du corps astral, presque sans masse, et a l'apparence d'un fil de nylon. Sa forme évoque le cordon ombilical et va en s'aplatissant. Elle semble avoir la capacité de s'étirer à l'infini pour se transformer en une matière purement astrale, dans ces aspects de la réalité que nous ne connaissons pas.

La corde d'argent est l'assurance que le dédoublement ne comporte aucun danger définitif ; elle ne peut se rompre et ramène toujours le corps spirituel dans le corps physique. En cas de nécessité, vous la sentirez tressauter et vous réintégrerez le corps en un instant. Si vous vous endormez, vous passerez par le rêve, puis l'éveil. La corde d'argent relie la maison provisoire (le corps) et la maison éternelle, le royaume des âmes.

Pour les Grecs, trois sœurs, les Moires (les Parques des Romains), régnaient sur la vie, l'une filant, l'autre tissant, la troisième coupant. L'expression : « Sa vie ne tenait plus qu'à un fil » indique que la corde d'argent ne se brise qu'à la mort. Ensuite, l'âme est libérée et continue son exploration dans des zones astrales[1].

Votre corps éthérique et votre corps physique ont bien des sensations en commun, mais il est parfois difficile de les différencier. Comme le dit Frédéric, un jeune vendeur :

« Il m'a fallu un certain temps pour me rendre compte que je me trouvais hors de mon corps. Pendant une période qui me parut assez longue, je me suis promené, puis j'ai réalisé que j'étais en train de rêver. Peu après, j'ai compris qu'il s'agissait d'un rêve très particulier, plutôt inhabituel. Et lorsque je me suis réveillé, curieusement, j'étais toujours en train de rêver. J'étais encore dans un état de conscience modifiée et j'ai constaté que je n'étais pas chez moi. Je n'étais pas dans un rêve, mais dans un état inconnu. J'étais perché au-dessus d'un toit, sans savoir où aller. Après quelques secondes de

1. Voir Bernard Raquin, *Comment sortir de son corps* (Presses Pocket) et *Messages de l'après-vie* (L'Age du Verseau).

panique, je me suis ressaisi et me suis dirigé vers ma maison.

« Ce qui m'a surpris, c'est l'aspect familier de cette expérience. Une fois mon corps physique réintégré, j'ai réalisé que j'avais déjà connu pareille expérience à plusieurs reprises dans ma vie, comme si je me surprenais alors que j'étais encore à l'extérieur de mon corps. Ce qui m'avait ramené dans mon corps, c'était le besoin d'uriner. Je me sentais étrangement bien ; j'avais l'impression d'avoir accédé à une très grande compréhension du monde extérieur.

« Plus étonnant, tout mon être était devenu un être communiquant avec le monde extérieur. Ma main, mes pieds, mes épaules, chaque partie de mon corps pensait – et je dis bien pensait, et pas seulement ressentait –, réfléchissait. Ce point est important parce que, pour la première fois, je compris que j'étais un être complet, que chacune de mes cellules communiquait avec le monde extérieur. Mon corps éthérique était un champ d'énergie, et ce champ d'énergie m'avait attiré pour me faire rentrer ; ce corps éthérique était doté des mêmes sens, des mêmes capacités de perception que mon corps physique.

« C'est probablement à la suite de ces expériences que les humains ont établi une relation entre la sortie du corps et le voyage de l'âme après la mort, qu'ils en ont déduit que cela perdurait au-delà du temps. On continue à voir, à entendre et à ressentir. Cependant, même si j'avais une masse identique à déplacer, ma force était plus grande dans ma tête que dans mon corps. Ces mots semblent absurdes, car en réalité il n'y avait pas de différence entre la pensée et le physique, fusionnés.

« Mais si moi, je me sentais dans mon état quasi normal, il en allait autrement pour l'environnement. Les murs, les meubles, les objets semblaient animés... J'étais modelé dans la même matière.

« Un autre jour, en présence d'une jeune femme, je ne fis plus de différence entre elle et moi. J'étais devenu elle. Je captais ses pensées et ses émotions. Comme si j'étais son jumeau. Une substance vert argenté coulait de moi vers elle.

« Pourtant j'avais la certitude de ne pas la connaître, il s'agissait d'une amie de rêve ou astrale. En me déplaçant, des ondulations argentées me guidèrent. Le vent coulait sur moi, l'air coulait autour de moi, comme de l'eau. Je m'enfonçais dans cette matière vivante. Deux mètres nous séparaient, pourtant cela parut assez long.

« Les sensations n'étaient pas vraiment identiques. Le poids de mon corps ne pouvait se comparer à la sensation d'un pied nu sur la moquette. Une sorte de balancement évoquait l'oiseau qui joue dans un courant d'air, monte et descend. J'avais l'impression de marcher dans l'eau en m'enfonçant légèrement, comme sur un nuage...

« Ce n'était pas des hallucinations, le contact était bien réel ; il n'y avait, dans la pièce, aucun objet supplémentaire : les meubles, les livres, la télévision se trouvaient exactement à leur place.

« Mon corps physique et mon corps éthérique étaient reliés par une sorte de corde jaillissant de mon plexus. Elle s'étendait à l'infini, elle protégeait mon corps, le nourrissait comme un cordon ombilical. Elle ne me causait aucune gêne ; d'ailleurs, la plupart du temps, je ne remarquais pas sa présence. Peut-être était-ce dû à un certain éclairage. »

Cette corde traverse les objets. Elle sert de courroie de transmission entre le corps physique et le corps spirituel. Grâce à elle, on revient instantanément dans son corps physique. Il se produit parfois un bruit métallique, un claquement quelque peu désagréable, mais sans gravité, lors du dédoublement ou de la réintégration. Si vous êtes en milieu hostile, ou si vous êtes épuisé, pensez à votre corde d'argent pour rentrer à la maison.

La réalité est réversible et, en permanence, vous communiquez avec votre corps spirituel par la corde d'argent. Vous pouvez la ressentir pendant l'exercice du miroir. Quand vous planez au-dessus de votre corps physique, quand vous regardez en face de vous ou dans un miroir, (ou si vous faites un exercice à deux), concentrez-vous sur le plexus. Elle se trouve parfois dans la poitrine ou dans le troisième œil.

C'est peut-être par elle que se transmet l'énergie entre le magnétiseur et son patient, et que les amoureux communiquent en osmose, lorsqu'ils forment une seule personne, sensations et pensées unies. Elle vous protège, en captant les informations lorsque votre conscience voyage. Si le corps astral et le corps physique sont trop proches, ils risquent de fusionner. Elle devient souvent perceptible lorsqu'ils sont au moins à un ou deux mètres.

A la découverte de l'au-delà

La conscience rayonne hors du corps, sous forme de pensées, de magnétisme, de corps éthérique ou astral. Elle dispose d'une existence autonome.

Toutes les civilisations ont cru à la survie de l'âme, et les croyances varient autour de ce point central. Les morts étaient ensevelis avec armes, bijoux, vêtements, nourriture, pièces de monnaie ; parfois épouse et serviteurs les accompagnaient dans l'au-delà.

Les progrès de la réanimation ont permis de faire reculer les frontières de la mort. Des témoins ont affirmé avoir été attirés par une vive lumière au bout d'un tunnel et ressentir la sensation de flotter et d'être présentés devant une entité de lumière, un être spirituel, ou parfois Jésus.

En général, une personne ne panique pas lorsqu'elle constate qu'elle ne se trouve plus dans son corps physique. Elle se sent réconfortée et comprise par cet être de lumière qui pose des questions, apparemment d'une manière non verbale, et qui l'aide à mesurer ce qu'elle a fait de sa vie. Et même, parfois, lui demande si elle est prête à mourir !

Souvent, des aides viennent voir le disparu. Il arrive qu'il soit obligé de retrouver la vie terrestre, même s'il n'est pas d'accord.

Il y a des points communs entre le dédoublement et les frontières de la mort. Les personnes ayant vécu ce genre d'expérience ont accès à un univers qu'elles ne soupçonnaient pas. La communication semble verbale, orale et sonore, les perceptions visuelles se font avec la totalité des yeux et du corps, d'une manière télépathique et magnétique. Des bulles de pensées voguent d'une personne à l'autre. C'est à ce moment-là que semble se faire le Jugement, et que s'ouvrent les portes du paradis pour la personne qui y a accès. On pourrait débattre à l'infini de cette notion de paradis, de purgatoire et d'enfer. Peut-être s'agit-il simplement de métaphores. Un choix se révèle néanmoins nécessaire. Imaginez la joie des personnes retrouvant des membres de leur famille ou des gens aimés !

On note aussi, dans certains témoignages modernes, des images de rivière ou d'étendue noire qu'il faut traverser avant de rejoindre une autre rive. Les anciens Grecs et les Étrusques fondaient leurs croyances sur des expériences vécues. Cette possibilité de revenir dans le corps physique est peut-être à l'origine de la thèse de la réincarnation.

De multiples expériences au cours des siècles laissent entrevoir aux humains la survie de leur âme. Le dédoublement rappelle que la conscience est l'enfant libre de l'univers, qui nous initie à la vie éternelle...

Mes profonds remerciements à Marianne Gaspari.

Si vous souhaitez être tenu au courant des différentes activités (séminaires, conférences) organisées par Bernard Raquin, adressez-lui votre courrier : BP 168, 75224 Paris Cedex 05.

Au catalogue Marabout

Sciences parallèles

Astrologie facile (L'),
D. de Caumon Paoli 2314 M4

Cartomancie facile (La),
F. Maisonblanche 2313 M7

Cartomancie : tirer et interpréter les cartes,
G. Sciuto 2323 M7

Connaissez-vous par votre signe astral,
J. de Gravelaine 2301 M7

Découvrez votre avenir par les cartes et l'astrologie,
A. Von Pronay 2321 M7

Demandez à vos anges,
A. Rammer, A. Daniel, T. Willie 2324 M9

Dictionnaire des mythes (Le),
N. Julien 2303 M12

Dictionnaire des superstitions et des présages,
N. Julien (avril) . . . . .2326 N

Dictionnaire des symboles (Le),
N. Julien 2304 M12

Dieux et héros du zodiaque,
J. de Gravelaine (juin) . . . . .2349 N

Duo des étoiles,
D. Colin et S. Favier 2322 M7

Etre franc-maçon aujourd'hui,
G. Garibal 2311 M7

Franc-maçonnerie - Initiation (La),
N. Pacout 2308 M7

Grand dictionnaire Marabout des symboles et des mythes
N. Julien . . . . .HC 99 FF

Grand guide astrologique chinois 1997,
R. Nguyen Ngoc . . . . .HC 105 FF

Grand Horoscope Marabout 1997,
N. Julien . . . . .HC 85 FF

Livre des anges (Le),
S. Burnham 2319 M9

Nostradamus : nouvelles prophéties jusqu'en l'an 2025,
J.-L. de Fontbrune 2329 M8

Numérologie facile (La),
J.-D. Fermier 2317 M7

Oracle de Belline (L'),
C. Silvestre Haeberle(mai) . . . . .2347 N

Planètes qui vous gouvernent (Ces),
N. Julien 2310 M7

Tarots faciles (Les),
C.H. Silvestre 2315 M6

Vivre avec le Yi-King,
R. Petit (juin) . . . . .2348 N

Votre avenir par les runes,
L. Decker 2320 M9

Votre avenir par les tarots,
G. Sciuto 2302 M6

Vous êtes médium,
M. Aurive 2305 M7

Psychologie

ABC de la caractérologie (L'),
P. Menard (juin) ....3572 N
A la découverte de soi,
R. de Lassus 3614 M9
Aimer tout le monde,
S. Ananda (avril) ....3642 N
Amour c'est quoi (L'),
R. de Lassus 3627 M7
Analyse Transactionnelle (L'),
R. de Lassus 3516 M9
Auto-analyse (L'),
K. Horney (juin) ....3577 N
Avoir de l'assurance en 10 points clés,
Dr J. Renaud 3550 M7
Avoir ou être,
E. Fromm 3638 M7
Cerveau (Le),
Diagram 3520 M12
Cette famille qui vit en nous,
C. Rialland 3636 M7
Choisir !,
S. Helmstetter 3623 M7
Combat pour l'âme,
K. Ward ....HC 75 FF
Comment acquérir une super-mémoire,
Dr J. Renaud 3536 M7
Comment améliorer vos résultats aux tests de Q.I.,
A. Bacus 3562 M7
Comment communiquer avec votre mari/femme,
P. Mc Dermott ....HC 95FF

Comment réussir dans la vie,
Diagram 3545 M7

Communication efficace par la PNL (La),
R. de Lassus 3510 M9

Communication facile au quotidien (La),
P. Menard (juin) ....3576 N

Comprendre les femmes,
P. Daco 3500 M9

Convaincre grâce à la morpho-psychologie,
B. Guthmann et P. Thibaut 3574 M7

Découvrez vos personnalités cachées,
J. Rowan 3560 M7

Découvrez-vous par votre signature,
L. Uyttenhove (juin) ....3566 N

Dessinez vos émotions,
N. Phillips et M. Comfort (avril) ......3643 N

Développez votre intelligence,
G. Azzopardi 3513 M9

Dictionnaire des rêves,
L. Uyttenhove 3542 M6

10 piliers de la caractérologie (Les),
J.-P. Juès 3619 M7

Du côté de la vie,
J. Canfield et M.V. Hansen ....HC 75 FF

Efficace et épanoui par la PNL,
R. de Lassus 3563 M7

Ennéagramme (L'),
R. de Lassus (mars) ....3568 N

Etats non ordinaires de conscience (Les),
M. Nachez (mars) ....3640 N

Etre homosexuel,
R.A. Isay 3575 M7

Femmes efficaces,
L. Adams 3557 M7

Moments vrais (Les),
B. de Angelis ....HC 83FF
Oser être gagnant,
R. de Lassus 3620 M7
Oser être soi-même,
R. de Lassus 3603 M7
Paroles des Dalaï-Lamas,
G. Van Grasdorff (avril) ....3641 N
Partez gagnant,
T. Hopkins 3604 M7
Penser positif,
V. Peiffer 3630 M7
Pièges de la perfection (Les),
S.J. Hendlin 3628 M9
Plus loin sur le chemin le moins fréquenté,
S. Peck 3639 M7
Pouvoir de l'amour (Le),
Dr G. Jampolsky 3625 M7
Pratique de l'analyse transactionnelle,
R. de Lassus 3561 M6
Prodigieuses victoires de la psychologie (Les),
P. Daco 3504 M9
Psy de poche (Le),
S. Mc Mahon 3551 M7
Psychanalyse (La),
C. Azouri 3522 M7
Psychologie et liberté intérieure,
P. Daco 3503 M9
Puissance de la pensée positive (La),
N.V. Peale 3607 M7
Résoudre les conflits par l'approche paradoxale,
J.-P.Juès 3558 M6
Rester maître de soi,
Dr J. Renaud 3635 M7

25 mots clés de la psychologie et de la psychanalyse,
P. Marson 3519 M9

Voies étonnantes de la nouvelle psychologie (Les),
P. Daco 3502 M9

Vos rêves sont des messages,
N. Julien 3622 M7

Vous n'aimez pas ce que vous vivez ? Alors, changez-le !,
E. Guilane 3626 M9

2354

MARABOUT

IMP. BUSSIÈRE, SAINT-AMAND (CHER). — N° 2418.
D. L. JANVIER 1998/0099/008
ISBN 2-501-02993-3
Imprimé en France